Hugo Mareta

**Proben eines Wörterbuches der österreichischen Volkssprache**

mit Berücksichtigung der älteren deutschen Mundarten

Hugo Mareta

**Proben eines Wörterbuches der österreichischen Volkssprache**
*mit Berücksichtigung der älteren deutschen Mundarten*

ISBN/EAN: 9783743492967

Hergestellt in Europa, USA, Kanada, Australien, Japan

Cover: Foto ©ninafisch / pixelio.de

Weitere Bücher finden Sie auf **www.hansebooks.com**

# Proben

einer

# Wörterbuches der österreichischen Volkssprache

von

## Hugo Mareta.

### Zweiter Versuch.

Separat-Abdruck aus dem Jahresbericht des Ober-Gymnasiums zu den Schotten in Wien am Schlusse des Schuljahres 1865.

### Wien, 1865.
Druck und Commissions-Verlag von Carl Gerold's Sohn.

# Vorerinnerung.

Im Jahresbericht unseres Gymnasiums für das Jahr 1861 liess ich *Proben eines Wörterbuches der österreichischen Volkssprache* abdrucken. Ich berücksichtigte damals nur die lebende Volkssprache und war nur bemüht, die jetzt gebräuchlichen Wörter aus der althochdeutschen und mittelhochdeutschen Sprache zu erklären. Bald jedoch gelangte ich zur Einsicht und competente Stimmen bestärkten mich in derselben, dass auf diesem Wege eine Arbeit von wirklich wissenschaftlichem Werthe nicht zu Stande kommen könne. Es stellte sich als unerlässlich heraus, die ganze Entwicklung der österreichischen Sprache, vom 13. Jahrhundert bis auf die Gegenwart, so weit dieses durch die vorhandenen Quellen ermöglicht wird, nachzuweisen. Ich fieng daher an, die gesammte österreichische Literatur, besonders aus dem 14., 15., 16., 17. Jahrhundert, für meine Zwecke auszuziehen, und ich habe auch bereits viele wichtige Sammelwerke und mehrere bisher ganz oder theilweise vernachlässigte Schriftsteller, wie *Abraham a S. Clara, M. Beheim, Herberstein, Rasch, Scherer* ausgebeutet. Mit Hilfe mehrerer Schüler, die mich durch Zettelschreiben unterstützten, habe ich bereits eine Sammlung von mehr als 100.000 Zetteln angelegt. Das diesjährige Schulprogramm sollte mir Gelegenheit geben, das Urtheil competenter Fachmänner zu vernehmen, ob ich zu einem umfassenden historischen Wörterbuche der österreichischen Sprache wenigstens den ersten Grund gelegt und den richtigen Weg eingeschlagen habe. Es handelte sich zunächst darum, die Berechtigung meiner Arbeit neben dem grossartigen bairischen Wörterbuch von *Schmeller* nachzuweisen. Deshalb wählte ich für diese Proben die Buchstaben *R* und *S*, weil diese von *Schmeller* am ausführlichsten behandelt sind, und bearbeitete hauptsächlich solche Artikel, die bei *Schmeller* ganz fehlen, oder für die ich wesentliche Ergänzungen oder wenigstens Erweiterungen zu *Schmeller* habe. Einige wurden auch aus dem Grunde aufgenommen, weil mir für dieselben Belege aus bisher zu wenig beachteten österreichischen Schriftstellern zu Gebote stehen. Leider musste ich von umfangreicheren Artikeln ganz absehen, da nur einige wenige derselben fast den ganzen mir zur Verfügung stehenden Raum in Anspruch genommen hätten. Auch muss ich erwähnen, dass ich viele Artikel **absichtlich** nicht ganz ausgearbeitet, sondern nur dasjenige herausgehoben habe, was als Ergänzung zu *Schmeller* dienen sollte.

Die **Anordnung** der Artikel ist die von *Schmeller* eingeführte, eine andere halte ich für unmöglich.

Um Raum zu ersparen, liess ich fast überall die Berufungen auf andere Wörterbücher weg; ebenso allen gelehrten Aufputz aus dem Althochdeutschen und Mittelhochdeutschen, ausser an solchen Stellen, wo es mir unerlässlich schien.

Die **Etymologie** war diesmal für mich nur Nebensache, da es mir hauptsächlich darauf ankam, zu zeigen, dass für die lexikalische Behandlung der bairisch-österreichischen Mundart noch Manches zu thun ist und dass ich wenigstens einen Theil des dazu nothwendigen Materiales gesammelt habe.

Ob ich in der **Orthographie** das Richtige getroffen habe, wage ich nicht zu behaupten. In den Belegen aus den neuern Dialekt-Schriften habe ich möglichst wenig geändert, nur habe ich in der Bezeichnung des hohen und tiefen *a* die durchaus nothwendige Gleichheit eingeführt.

Die **Abkürzungen** bedürfen für den Fachmann keiner Erklärung.

Der **Asteriscus** vor einem Artikel hat die Bedeutung, dass dieser bei *Schmeller* fehlt.

Zum Schluss wiederhole ich aus der Vorerinnerung zu meinem ersten Versuch zwei Stellen: „Ich ersuche alle Fachmänner, welche diese Blätter einer Beachtung würdigen wollen, mir ihre Ansichten über die begangenen Missgriffe, so wie über die Art und Weise, wie ich dieselben in der Zukunft vermeiden könnte, schriftlich mitzutheilen. Ebenso ersuche ich die Redactionen wissenschaftlicher Zeitschriften, die meine Arbeit besprechen, mir einen Abdruck der Recension zuzuschicken. Ich werde für jede Belehrung, für jeden motivirten Tadel dankbar sein." — „Ich richte an alle Diejenigen, welche des österreichischen Dialektes mächtig sind, oder die etwa gar Sammlungen angelegt haben, die dringende Bitte, mich zu unterstützen. Die Hoffnung, vielleicht durch dieses Mittel Materialien zur weiteren Fortführung meines Unternehmens und zur Vervollständigung einzelner Artikel zu gewinnen, war der zweite Beweggrund, der mich bestimmte, diese Arbeit der Oeffentlichkeit zu übergeben".

# Quellen-Verzeichniss.

Dieses Verzeichniss enthält nicht alle bis jetzt von mir ausgebeuteten Quellenwerke, sondern nur diejenigen, aus welchen Belege in den folgenden Artikeln sich finden. Die lexikalischen und ähnliche Werke habe ich nicht aufgenommen, da ohnehin jeder Fachmann die betreffenden Abkürzungen kennt.

---

Abele Metam. Metamorphosis Telae Judiciariae oder Seltzame Gerichts-Händl durch *M. Abele*. 3 Bände. Linz, 1651—1652.

Abele Unordn. Künstliche Unordnung — durch *M. Abele von Lilienburg*. 5 Bände. Nürnberg, 1670, 1675, 1671, 1673, 1675.

Abermann. Historische Beschreibung der Hauptstatt Wienn durch *W. Lazium* vertirt durch *M. H. Abermann*. Wien, 1619.

Abr. auf ihr Chr. Auff, auff ihr Christen — durch *Abraham a S. Clara*. Salzburg, 1687.

Abr. Besch. E. Abrahamisches Bescheid-Essen. Wien, 1717.

Abr. Etwas. Etwas für Alle — durch *P. Abraham a S. Clara*. 3 Bände. Würzburg, 1699.

Abr. Gack. Gack, Gack einer Wunder-seltsamen Hennen durch *Abraham a S. Clara*. Wien, 1732.

Abr. Gehab d. w. Abrahamisches Gehab dich wohl, von *Abraham a S. Clara*. Nürnberg, 1729.

Abr. Gemisch. Heilsames Gemisch Gemasch von *Abraham a S. Clara*. Würzburg, 1704.

Abr. Gramm. rel. Des Ehrwürdigen Vaters *Abraham a S. Clara* Grammatica religiosa. Augsburg, 1766.

Abr. Huy. Huy und Pfuy der Welt durch *Abraham a S. Clara*. Würzburg, 1707.

Abr. Jud. Judas der Ertz-Schelm für ehrliche Leuth durch *Abraham a S. Clara*. 1. u. 2. Band. Nürnberg, 1752. 3. Band, Salzburg, 1692. 4. Band, Salzb. 1710.

Abr. Kram.-Lad. Geistlicher Kramer-Laden. 3 Bände. Würzburg, 1725, 1743, 1719. (Nur theilweise von *Abraham*.)

Abr. Laub. Abrahamitische Lauber-Hütt. 3 Bände. Wien, 1721, 1722, 1723.

Abr. Lösch W. Lösch Wien — durch *Abraham a S. Clara*. Salzburg 1687.

Abr. Merc. Mercurialis oder Winter-Grün — durch *Abraham a S. Clara*. Nürnberg, 1733.

Abr. Merks Wien. Merks Wienn — von *Abraham a S. Clara*. Salzburg, 1687.

Abr. Narrennest. Wunderwürdiges — Narrennest von *Abraham a S. Clara*. 3 Bände. Wien, 1751.

Abr. Reim dich. Reimb dich oder ich liess dich durch *Abraham a S. Clara*. Salzburg, 1687.

Abr. Sterb. u. Erb. Sterben und Erben von *Abraham a S. Clara.* Prag, 1711.
Abr. Todt. Brud. Grosse Todten - Bruderschafft durch *Abraham a S. Clara.* Salzburg, 1687.
Abr. Todt. Cap. Rev. P. *Abraham a S. Clara* Todten - Capelle. Nürnberg und Würzburg, 1710.
Abr. Weink. Wohl-angefüllter Weinkeller von *Abraham a S. Clara.* Würzb. 1725.
Agenda. Christliche Kirchen-Agenda. 1571.
Alb. Album aus Oesterreich ob der Enns. Linz, 1843.
Albert. Hausp. Hauspolizey durch Aegidium Albertinum. München 1602.
Albert. Landst. Der Landstörtzer Gusman — durch Aeg. Albertinum. München, 1616. 3 Theile in 2 Bänden.
Albrecht. Ertzneyen — zü den Pfärdten durch Mnister *Albrecht.* (16. Jahrh.)
Antw. d. Oest. Antwort des Ulri Oestaraicha' an sein Suhn. Wien, 1744.
Archiv. Archiv für Kunde österreichischer Geschichts-Quellen. Wien. Band 1—30. (*Die wichtigeren Werke sind unter ihrem Titel angeführt.*)
Arneth Corresp. Correspondenz des Königs Karl III. von Spanien mit dem Grafen *J. W. Wratislaw.* Herausgeg. von *Alfred Arneth.* (Archiv 16, 1—224.)
Arth. Wald. R. Wald-Röserln. Lieder von *K. Arthur.* Graz, 1862.
A. W. Gedichte in Landler Mundart von *A. W. Braunau,* 1862.
Baum. *Alex. Baumann,* Singspiele im Volksdialekt. Wien, 1850.
Baum. Ehrb. Ehrenbuschen für d' Oesterreicher Armee von *A. Baumann.* Wien, 2. Auflage.
Beck. *Bf. A. Becker,* der Oetscher und sein Gebiet. Wien, 1859.
Beheim. *Michael Beheim's* Buch von den Wienern. 1462—1465, herausgegeben von *Th. G. v. Karajan.* Wien, 1843.
Berla. Sieben Wiener Lokalstücke von *Alois Berla.*
Berla Kathi v. Eis. Kathi von Eisen. Lokalposse von *A. Berla.* Wien, 1856.
Beschr. d. K. Lepolt Oestáreichers — Beschreibung des Küritags zu Wienn. Wien, 1744.
Beschr. d. Pzg. Beschreibung des Oberpinzgaus. Salzburg, 1786.
(Neitzsch) Betracht. Betrachtung der flüchtigen Zeitlichkeit. Wien, 1699.
Brentz Pred. Predig den Türckischen Krieg betreffend, durch *J. Brentzen.* Nürnberg, 1538.
Bueb. in Wien. Die Bueben zu Wienn in einer Cantata. Wien, 1745.
Bucher. *A. v. Bucher's* Werke, herausgegeben von *J. v. Klessing.* 6 Bände. München, 1819—1822.
Cast. *Castelli,* Gedichte in niederösterreichischer Mundart. Dritte Aufl. Wien, 1852.
Chilonida. Die Chilonida — gesungen vorgestellet 1709. Wien.
Chlum. Dorfweisth. Dorf-Weisthümer aus Mähren von *P. R. v. Chlumecky.* (Archiv 17. Band.)
Chmel. diplom. Diplomatarium habsburgense seculi XV. Urkunden aus den Jahren 1443—1473. Herausgegeben von *J. Chmel.* (Fontes rerum Austr. 2, 2). Wien, 1850.
Chmel Mater. Materialien zur österreichischen Geschichte. Gesammelt von *Jos. Chmel.* 2 Bände. Wien, 1837, 38.
Chmel. mon. habsb. Monumenta Habsburgica von *J. Chmel.* (*Enthält Urkunden von 1472—1480*). 3 Bände. Wien, 1854—1858.
Chmel reg. Regesta Friderici III. von *J. Chmel.* Wien, 1840.
Cod. Au. Codex Austriacus, Begriff und Inhalt aller Gesetze. 2 Bde. Wien, 1704.
Cop. Buch. Copey-Buch der Statt Wienn, 1454—1464 von Dr. *H. J. Zeibig.* Wien, 1853. (Fontes rer. Austr. 2, 7.).

Diem. Genes. Genesis und Exodus, herausgegeben von *J. Diemer.* Wien, 1862.
Dückher. Saltzburgische Chronika, durch Fr. Dückher. Salzburg, 1666.
Eip. Briefe eines Eipeldauers an seinen H. Vetter in Kakran über die Wienstadt. 37 Hefte. Wien, 1785—1797.
w. Eip. Briefe des wiederaufgelebten Eipeldauers. 24 Hefte. Wien, 1799—1801.
j. Eip. Briefe des jungen Eipeldauers. Jahrg. 1802—1813, 9. Heft. (*Sämmtlich verfasst von* Jos. Richter.)
n. Eip. Briefe des neuangekommenen Eipeldauers 1813, 9 bis 1819, 6. (Verfasst von *F. C. Gewey.*)
jst. Eip. Briefe des jüngsten Eipeldauers v. 1819—1821. (*Verfasst v.* A. Bäuerle.)
Eizinger. Zur Geschichte des Geschlechtes der Eizinger, mitgetheilt von *J. Chmel.* (Archiv 1848, 2 und 1849, 5.)
Eizing. hist. Nova rerum in Europa gestarum historia, durch *Mich. Eytzinger* auss Oesterreich. Cöln, 1588.
Eizing. Nid. Niderländische Beschreibung durch *M. Eyzingerum.* Cöln, 1584 bis 1587. 3 Bände.
Erhard Widert. Historia von Münsterischen Widertauffern. Durch *Chr. Erhard.* München, 1588.
Fabri. Einige kleinere theologische Schriften aus dem Anfang des 16. Jahrhunderts.
Firm. Germanicus Völkerstimmen, herausgeg. v. *J. M. Firmenich.* 2. Band. 1846.
Frast. Das Stiftungen-Buch des Klosters Zwetl, herausgegeben von *J. v. Frast.* Wien, 1851. (Fontes rer. austr. 2, 3.)
Gartner. Gedichte in oberösterreich. Volksmundart von *Ant. Gartner.* Pest, 1856.
Gerichts Pr. 1584. Gerichts Process ditz Ertzhertzogthumbs Osterreich u. d. Enns. Wien, 1584.
W. Gesellsch. Wiener Gesellschafter, herausgegeben von *A. Schumacher.* 6 Hefte. Wien, 1833—1834.
Grets. Lastw. Lastwagen, so — scheitern müssen, wann nicht gute Leute wären zugesprungen, als *Jacobus Gretserus.* Ingolstadt, 1615.
Hafn. *Philipp Hafner's* gesammelte Schriften. (Herausgegeben von *Jos. Sonnleithner.*) 3 Bände. Wien, 1812.
Hänsel u. L. Curioses Gespräch zwischen Hänsel und Lippel. Wien, 1745.
Hauswirth. Urkunden der Abtei zu den Schotten in Wien von 1158—1418. Herausgegeben von Dr. *E. Hauswirth.* (Font. rer. Austr. 2, 18). Wien, 1859.
Herberst. Sigmund Freyher zü Herberstain. Wien, o. J. (16. Jahrh.)
Herberst. Ges. Reise. Herberstein's Gesandtschafts-Reise nach Spanien 1519. Herausgegeben von *J. Chmel.* Wien, 1846.
Herb. Mosc. Moscovia — durch *Sig. Freyh. zu Herberstain* zusamen getragen. Wien, 1557.
H. J. Komische Briefe des Hans-Jörgels von Gumpoldskirchen an seinen Schwager Maxel in Feselau. 29 Jahrgänge von 1832—1860 incl.
Hocke. Beschreibung dessen, was in wehrender Belägerung der Stadt Wienn 1683 passiret, durch *Nik. Hocke.* Wien, 1685.
Hopp Atl. Atlasshawl und Harrasbinde. Posse von *Hopp.*
Hopp Hutm. Hutmacher und Strumpfwirker. Posse von *Hopp.*
Hopp L. Polkw. Lazarus Polkwitzer. Posse von *Hopp.*
Hung. Chr. Der Hungarn Chronica. Wien, 1534.
Jahrb. Oberösterr. Jahrbuch für Literatur u. Landeskunde. Erster Jahrg. 1844.
Jahreszahl. Belege aus kleineren Schriften, bei denen blos das Jahr des Drucks angegeben wurde.
Kais. Bauernk. Ein Bauernkind. Charakterbild von *Fr. Kaiser.* Wien.

Kais. Harf. Harfenist und Wäschermädel. Posse von *Fr. Kaiser*. Wien, 1854.
Kalt. 1. Oberösterreichische Lieder von *C. A. Kaltenbrunner*. Linz, 1845.
Kalt. 2. Alm und Cither von *C. A. Kaltenbrunner*. Wien, 1848.
Kalt. 3. Oesterreichische Feldlerchen von *K. A. Kaltenbrunner*. Nürnberg, 1857.
Kalt. Traung. Aus dem Traungau. Oberösterreichische Dorfgeschichten von *K. A. Kaltenbrunner*. Wien, 1863.
Kaltenb. Münz. Das Wiener Münzrecht von 1450, herausgegeben von *J. P. Kaltenbäck*. Wien, 1846.
Kaltenb. Pant. Die Oesterreichischen Pantaidingbücher, herausgegeben von *J. P. Kaltenbäck*. 2 Bände. Wien, 1845.
Kartsch. *F. Kartsch*. Feldbleameln. Gedichte in österreichischer Mundart. 2 Bände. Wien, 1845, 1847.
Kleinm. (*Kleinmayr*) Abhandlung von dem Staate des Erzstifts Salzburg. 1770.
Klesh. *A.* Freih. v. *Klesheim*, 's Schwarzblattl aus 'n Weanerwald. 1. Band. Wien, 1845, 2. Band. Wien, 1847.
Klesh. Fr. Frau'n-Käferl. Gedichte in österreichischer Mundart von *A.* Fr. v. *Klesheim*. Dresden, 1854.
Kob. Ged. Gedichte in oberbayrischer Mundart von *Fr. v. Kobell*. München, 1855.
Kob. Lied. Oberbayrische Lieder, gesammelt von *Fr. v. Kobell*. München, 1860.
Kob. Schnad. Schnadahüpfln und Sprüchln. München, o. J.
Kriegsordnung. Kriegsordnung new gemacht. Ohne O. u. J. (16. Jahrh.)
Lamorm. Ferd. II. Ferdinands II Tugenden durch *G. Lamormaini*, durch *J. J. Curtium* verteutschet. Wien, 1638.
Landg. O. 1559. Lanndtgerichts Ordnung des Ertzhertzogthumbs Osterreich o. d. Enns. Wien, 1559.
Lang. W. V. Wiener Volks-Bühne von *A. Langer*. 2 Bände. Wien, 1859.
Leop. Pred. Predigen auff das Fest des H. Leopoldi durch *Joh. Casparn*, Bischoffen zu Wienn. 1591.
Linderm. Maurus Lindermayr's Dichtungen in ob der ennsischer Volksmundart. Linz, 1822.
Mahl. Ord. Ordnung Mall und Peckhen-werchs im Ertzhertzogthumb Osterreich o. d. Enns. (16. Jahrh.)
Mala Gall. Mala Gallina, Malum ovum. Wien, 1713.
Maurer ung. Chr. Ungarische Chronica durch *M. C. Maurern*. Nürnberg, 1662.
Mayr. Feldreserln. Gesänge in ob der ennsischer Mundart. Von *J. G. Mayr*. Gmunden, 1855.
Meg. Das Buch der Natur von *Konr. v. Megenberg*. Herausgegeben von Dr. *Franz Pfeiffer*. Stuttgart 1861.
Meill. Stadtr. Oesterreichische Stadtrechte und Satzungen aus der Zeit der Babenberger. Zusammengestellt von Dr. *A. v. Meiller*. (Archiv 10, 87—174.)
Meisl G. i. P. Das Gespenst im Prater von *Karl Meisl*. Wien, 1824.
Misson. Da Naz. Gedicht in unterennsischer Mundart von *Jos. Misson*. Wien, 1850.
Mos. V. L. Das Wiener Volksleben, in komischen Scenen mit Liedern von *J. B. Moser*. 9 Hefte. Wien, 1842—1845.
Mos. N. F. Das Wiener Volksleben, in komischen Scenen von *J. B. Moser*. Neue Folge. 5 Bändchen. Wien, 1857—1859.
Muchitsch Paed. Paedagogia oder Schulführung der Würtenbergischen Theologen durch *P. Muchitsch*. 2 Bände. Gratz, 1590, 1589.
Nas Concord. Concordia Alter und newer Glaubensstrittiger lehren v. *F. J. Nass*. 1583. o. O.
Nausea Postill. Kleine Postill Friderici Nausee, Bischoven zu Wienn. 3 Bände. Ingolstadt, 1582.

(Neubek) Türkpr. Zwo Sieg und Lob Predigten wegen etlich Victorien wider den Türken durch *Joh. Casparn* (*Neubek*) Bischoffen zu Wienn. Wien, 1594.

Notizbl. Notizenblatt. Beilage zum Archiv für Kunde österreichischer Geschichtsquellen. Wien, 1851 *und folgende.*

Oberl. Finanz. Oesterreichs Finanzen und Kriegswesen unter Ferdinand I., von *K. Oberleitner.* (Archiv 22, 1—281.)

Per. N. S. K. Das Neu-Sonntagskind. Singspiel v. *Joach. Perinet.* Pressburg, 1794.

Pol. Ord. 1552. Ordnung und Reformation güter Pollicey. Wien, 1852.

Pop. Popovichii Vocabula Austriaca et Stiriaca. Colligente Antonio Wasserthal. Cod. der kais. Hofbibliothek.

Pred. 1707. Zwei Predigten von *Ild. Rucker* und *Anselm Fruwirth.* Wien, 1707.

Quot capita. Quot capita, tot sententiae, das ist hundert Narren. Wien, 1725.

Radl. Mustersaal aller deutschen Mundarten von Dr. *J. G. Radloff.* 2 Bände. Bonn, 1821, 1822.

Raimund. Ferd. Raimund's Werke. Herausg. v. *J. N. Vogl.* 4 Bde. Wien, 1837.

Rasch. Cal. Ein New: All - Järiger Calender — gestellt durch *Joh. Raschen.* München, 1584.

Rasch Cometb. Cometen-Buch — durch *J. Rasch.* München o. J.

Rasch Erdbid. Von Erdbiden, Etliche Tractåt durch *J. Rasch* an tag geben. München o. J.

Rasch Fast. L. Fasten Lob. Guete erinderungen — durch *J. Rasch.* München, 1588.

Rasch Fast. R. Fasten Reim. Gute—Erinnerungen— durch *J. Rasch.* Münch., 1584.

Rasch Gegenpr. Gegenpractic. Urthail wider etlich weissag — durch *J. Rasch.* München, o. J.

Rasch Kirch. G. Kirch Gottes — durch *J. Rasch.* Wien, 1589.

Rasch Lost. New Losztåg — durch *J. Rasch.* Rorschach, 1590.

Rasch N. Cal. Neu Kalender durch *J. Rasch.* Rorschach, 1590.

Rasch Österr. Hauss Osterreich. Von ankunfft ursprung und nammen des Grafen von Habsburg — durch *J. Rasch.* Rohrschach, o. J.

Rasch Practica 1579. Practica auff das Jar 1579 durch *J. Rasch.* o. O. u. J.

Rasch Practica 1583. Practica auff das Jar 1583 durch *J. Rasch.* München, o. J.

Rasch Practica 1588. Practica auff das Schaltjar 1588. Gestellt durch *J. Rasch.* Grätz, o. J.

Rasch Progn. Prognosticum auff das 1578 Jar durch *J. Raschen.* o. O. u. J.

Rasch Schottenkl. Schottenkloster 1158. Stiftung und Prelaten unser l. Fr. Gottshaus zu den Schotten zu Wienn. 1586. *J. Rasch* collegit.

Rasch v. Stuck. Vier Stuck. Nichts wehrt durch *J. Rasch.* München, 1589.

Rasch W. Dan. Drey weissagung Daniels — durch *J. Rasch.* München, o. J.

Rasch Weinb. Weinbuch: Baw, Pfleg und Brauch des Weins. Durch *J. Rasch.* München, o. J.

Rasch Weissag. Weissag der zeit — Anno 1596 gestellt durch *J. Rasch.* o. O.

Scher. Mehrere kleinere Schriften von *G. Scherer* aus dem Ende des 16. Jahrh.

Scher. F. d. Tr. Fortsetzung des Triumphs der Warheit wider L. Osiandrum durch *G. Scherer,* S. J. Ingolstadt 1588.

Scher. Fronl. Verantwortung des Fronleichnam Fests durch *G. Scherer,* S. J. Ingolstadt, 1589.

Scher. Post. Christliche Postill, durch *G. Scherer,* S. J. Getruckt im Kloster Bruck, 1605.

Scher. Schr. Schriften, Bücher und Tractätlein, welche *G. Scherer* bisshero durch den Truck aussgeben lassen. 2 Bände. Closter Bruck, 1599, 1600.

Schik. Eman. Schikaneders theatralische Werke. 2 Bände. Wien u. Leipzig, 1792.

**Schlag.** Wiener Skizzen aus dem Mittelalter von *J. E. Schlager.* Erste Reihe. Wien, 1836. Zweite Reihe. Wien, 1836.

**Schlag. N. F.** Wiener Skizzen aus dem Mittelalter von *J. E. Schlager.* Neue Folge. Wien, 1839—1846.

**Schlag. Ueberl.** Alterthümliche Ueberlieferungen von Wien aus handschriftlichen Quellen von *J. E. Schlager.* Wien, 1853.

**Schmelzl.** Mehrere Dramen von *W. Schmelzl.*

**Schmelzl David.** Ein schöne Hystoria von David und Goliath — durch *Wolffgang Schmeltzel.* Wien, 1545.

**Schmelzl L.** Ein Lobspruch der Stat Wienn durch *Wolffgang Schmeltzl* im 1548. Jar. Wien, 1849.

**Schmidt Bergges.** Chronologisch-systematische Sammlung der Berggesetze der österr. Monarchie. Bearbeitet von *Fr. Ant. Schmidt.* Wien, 1832. Bd. 1—10.

**Schmierl. W. Fiak.** Die Wiener Fiaker. Von *Th. Schmierling.* Kaschau, 1838.

**Schöner.** Ein — Büchlein vil bewärter Ertzney — durch Joh. Schöner von Karlstadt. Wien, 1534.

**Schoss. G.** Anton Schosser's nachgelassene Gedichte in der Volksmundart des Traunkreises v. *A. J. Schindler.* Steyr, 1850.

**Schoss. N.** Naturbilder aus dem Leben der Gebirgsbewohner in den Grenzalpen zwischen Steyermark und dem Traunkreise von *Ant. Schosser.* Steyr, 1850.

**Seidl.** *Joh. G. Seidl's* niederösterreichische Gedichte. 3. Auflage. Wien, 1844.

**Seidl A. Almer.** Innerösterreichische Volksweisen, mitgetheilt von *J. G. Seidl.* 3 Bändchen. Wien, 1850.

**Sengschm.** Ein Band noch ungedruckter Gedichte von *Berthold Sengschmitt.*

**Silberstein.** Dorfschwalben aus Oestreich. Geschichten von *Aug. Silberstein.* 2 Bände. München, 1862, 1863.

**Sp.** *Ant. R. von Spaun,* die österreichischen Volksweisen. Wien, 1845.

**Stelzh.** Gedichte in obderennsischer Volksmundart von *Franz Stelzhamer.* 1. Theil. Wien, 1844. 2. Theil. Wien, 1844. 3. Theil. Regensb. 1846.

**Stelzh. Ged.** Gedichte von *Fr. Stelzhamer.* Stuttgart, 1855. Seite 3 — 40, 271—390 Mundartliches.

**Stern Bel.** Belagerung der Statt Wienn 1529, v. *Peter Stern v. Labach.* Wien, 1863.

**Stöckler.** Tugent-Spiegel — von *P. F. Ant. Stöckler.* Wien, 1675.

**Suchenwirt.** Peter Suchenwirt's Werke von *Alois Primisser.* Wien, 1827.

**Talmuth.** Talmuth oder Neue Fausen-Liberey. Augsburg, 1699.

**Tomaschek Stat.** Statuten der Stadt und des Bisthums Trient von Dr. *J. A. Tomaschek.* (Archiv, 26, 67—228.)

**Tsch.** Oesterreichische Volkslieder, gesammelt und herausgegeben durch *Fr. Tschischka* und *J. M. Schottky.* Pest, 1819.

**Ziska M.** Oesterreichische Volksmährchen v. *Fr. Ziska.* Wien, 1822.

**Vogl.** Dr. *J. N. Vogl.* Schnadahüpfel'n. 2. Aufl. Wien, 1852.

**W.** Sehr reichliche Beiträge von *H. Johann Wurth,* Schullehrer in Münchendorf.

**W. L.** Mehrere hundert Nummern von Liedern in der Wiener Mundart.

**W. Theat. R.** Wiener Theater-Repertoir. 80 Hefte. Wien, 1853—62.

**Wagn.** Sälzburga Bauern-Gsanga von *S. Wagner.* Wien, 1847.

**Weinh. W.** Weihnacht-Spiele und Lieder aus Süddeutschland und Schlesien von Dr. *Karl Weinhold.* Graez, 1853.

**Weis Urk.** Urkunden des Stiftes Heiligenkreuz. Herausgegeben von *J. N. Weis.* 2 Bände. Wien, 1856, 1859. (Fontes rer. Aust. 2, 11 und 16.)

**Weitf. Freisch.** Ein Lobspruch des Freyschiessens in Klagenfurt. Wien, 1571.

Weitf. Lobspr. Hans Weitenfelders Lobspruch der Weiber und Heirats Abrede. Herausgegeben von *Fr. Haydinger.*

Weyl. Passifloren des Jahres 1848. Wien, 1849. (Enthält auch einige Gedichte in österreichischer Mundart.)

Z. Die deutschen Mundarten. Zeitschrift herausgegeben von Dr. *G. K. Frommann.* 6 Jahrgänge. 1854—1859.

Zahn Bannt. Niederösterreichische Bannteidinge. Gesammelt von *J. Zahn.* (Archiv 25, 3—156.)

Zeibig Aussch. Der Ausschuss - Landtag der österreichischen Erblande 1518 von Dr. *H. J. Zeibig.* (Archiv 13, 201—366.)

Zeibig Stift. B. Das Stiftungs-Buch des Klosters St. Bernhard. Herausgegeben von Dr. *H. J. Zeibig.* Wien, 1853. (Fontes rer. Austr. 2, 6. pag. 125—346.)

Zeibig Urk. Urkundenbuch des Stiftes Klosterneuburg. Bearbeitet von Dr. *Hartmann Zeibig.* 1. Theil. Wien, 1857. (Fontes rerum Austr. 2, 10.)

Zimmermann Leichpred. Leichpredig. Bey dem Begengnus des — Herrn Caroli, Ertzherzogen zu Osterreich durch *W. Zimmermann.* Graetz, 1590.

# R.

**Rab**, adj. (ä. Spr.), *roh.* Schm. III, 78. Derselben pfening dreissig, der groschen achthalben und der kreutzer fünfzehn, dy weil si rab und ungeweist sein, auf die aufzal geen (1461). Chmel reg. CXXVI. *Insbesondere vom rohen ungebleichten Garn.* Dass kein Leitgeb niemant nicht auf pluetige Pfanndt, auf ungewundtens trait, auf Rabsgarn — nicht porgen soll. Kaltenb. Pant. 1, 548. *Ebenso* 1, 22; *dagegen* 1, 41. 1, 46. 1, 68. 1, 77 *und öfter* rohes Garn. *Auch* rob. Alle Robe leinbat, es sey zwilich, ruphen oder ander Robe (*grobe*) leinbat (1432). Kurz Handel 403.

*****Rabauschen.** Damit die Catholischen Fürsten, allermeist die Geistlichen, vom Pöfel unversehens uberrabauscht (*überrascht?*) würden und ein güte Schlappen überkämen. Scher. Forts. d. Tr. 34.

**Rabiat** (adj. und adv.), *aufgebracht, wüthend vor Zorn, ausser sich.* Gantz rabiat die Zähne aufeinandergebissen, die Haar aus dem Kopff gerauft. Abr. Jud. 3, 477. Laufft rabiat nach Hauss, findet seinen Herrn allein in dem Zimmer, ergreiffet seinen Dolch, stost ihm denselben durch die Brust. Quot. capita. 15. No hietzt, wann i d'rauf denk, kumm i in ein'n solchen Zorn und wir so rabiat, dass —. n. Eip. 1816, 5, 68. Er wurde so rabiat, dass er ihr am End eine Watschen geb'n hat. H. J. 1845, 15, 21. Nur stad sein, sonst werd ich noch rabiat, und nachher wurd's g'fährlich. *Auch* rabiatisch. Er schaut da' recht grausla und rabiatisch drein. Seidl. A. 3, 54. Däs is a rabiater Kerl. W.

*****Rablerisch** (ráblerisch), adj., *fehlt bei Schm., Höf., Lex., Schöpf, Schmid; unordentlich, verwirrt, zornig, heftig.* Drum gehts a wieder so rablerisch obn zue in Himmel. n. Eip. 1819, 6, 19. D' Knöpfmacher müessen über dö neuhi Modi ganz natürli völli rablerisch werd'n. n. Eip. 1816, 5, 14. Wann's in Kagran epper a solchi Leut geben thäd, dö über meini Brief rablerisch word'n seyn, so leg ihnen der Herr Vetter g'schwind das Pflaster auf, dös i für sö da niederg'schrieb'n hab. n. Eip. 1815, 1, 50. Was bald gar viel Herrn Mannsbilder völli rablerisch verliebt macht. n. Eip. 1818, 6, 23.

*****Rebach**, m., *Nutzen, Gewinn, besonders in Geld, meist verächtlich.* Da had er ihnen alles Kupfergeld mit ein'n Rebach von 2 Groschen von'n Guld'n abg'kauft. n. Eip. 1818, 5, 41. Mein Frau Mama hat wieder ein Paar gute Negozerl mit Häusern g'macht, und da hat's mir also auch ein Theil von Rebach zukommen lassen. j. Eip. 26, 4. Da hab i g'sehn, wie die Waldnutzung verbessert werd'n kann, dass dem Jäger no ein grösserer Rebach bleibt. H. J. 1843, 14, 34. Die er nachher unter der Hand mit einem bedeutenden Revach losschlagt. H. J. 1850, 37, 4.

*****Rebarbara**, f., *der Rhabarber.* Allda der Edle Reben-Saft anstatt der Rebarbara und Cassia gebraucht. Abele Met. 1, 234. Es ist eine Wurtzel, die haist Rebarbara, die ist gut für die Gall. Abr. Reim dich 50. Setz der Herr Dockter ein Thier a Rebarbara oder a China oder a Wienertrangl vor und schau der Herr Dockter ob sies nehmen werd'n. n. Eip. 1817, 6, 41. *Im Volke kommt das Wort als neutrum vor.* W.

\*Reberl (Ràba'l), n., *eine aus Mehl und Eierklar abgerebelte Teigmasse, die in die Suppe eingekocht wird, auch* Fârfa'l. W. *Bei* Schöpf *der* Ribler.

Rebeln (rèw'ln), verb., *die Beeren abzupfen.* Holla' rèw'ln, Wai͞ba' rèw'ln, Kukuruz rèw'ln. G'rebelter (Wein), *Wein aus Beeren, die früher vom Kamm „abgerebelt" wurden.* Wånn a Kampl wie da Knopfberger vurbei geh'n soll, obni auf a Mass'l G'rebelt'n einz'fåll'n. Seidl 251. Wir haben ja heroben noch den G'rebelten kosten wollen. W. Theat. R. 67, 8.
Da trink i an g'rebelten, der macht recht stark,
Da bring i gar oft schon an Fetzen aum Mark. W. L.
Uns schreckt dö rothe Hosen nöt,
Und a ka Katz, mein Seel, i wett',
Mir hab'n s' beim Knack g'packt,
's Füasserl g'geb'n,
Und bums! — sans g'rebelt g'leg'n. W. L.
Compos. Abrebeln, *vom Stengel abzupfen.* Er legt die abgerebelten Beeren in ein Sieb von Draht, und fangt's recht zum beuteln an. H. J. 1847, 22, 15. 's Gerstl abrebeln. Verrebeln, *in kleinen Theilen vergeuden; derb zurechtweisen mit Worten oder durch Thaten.* Nachdem i die Kellner wegen ihren Unarten u. s. w. verrebelt hab. H. J. 1859, 36, 6. Der Wirth muss verrebelt werden! Untersteht sich der — uns sein Local zu verbieten. W. Theat. R. 56, 19. Mi wunderts nur, dass no kein junger Rezensent den Shakespeare recht verrebelt hat. H. J. 1841, 2, 9. Aus dem Spitzbuben-Büchel, das a der Punch schon gehörig verrebelt hat. H. J. 1850, 16. Der mir dös sagt, den nimm i bei Haar und Ohrwaschel und verrebeln mir. H. J. 1839, 8, 60. Eine allgemeine Verreblung. H. J. 1850, 32, 9.
z'rebeln, *zerknittern.*
's wird mit die Franzosen von Freiheit nur g'redt,
Und do lieg'n s' mit'n spanischen Janker im Bett,
Net amal auf Federn, am z'rebelten Stroh. W. L.

Rebellen *und* Rebeller, *wie* Schm. *Dazu noch* Rebell (Rewåll⌣ ‒), m., *Lärm.* Und der Bua
Schnålzt dazua
Måcht an lustig'n Rebell. Schoss. N. 105.
Er håt d'Aug'n nu kåm zuedruckt, Gebt àn da Rewell. Kalt. 2, 152.
Muesst åba fein Acht geb'n,
Damit da liab'n Seel
Nöt wås g'schiacht bei dem Feur
Und dem schiachen Rewell. Kalt. 2, 113.
Der måcht a͞n Höll'n rewåll. W. Anrebellen, vrb., *anlärmen, z. B. an der Thür.* Aufrebellen, vrb., a) *durch Lärmen aufwecken.* Du fahrst jetzt gleich zu mir nach Haus, rebellst Alles auf, dass schleunigst zu die Hochzeits-Anstalten g'schaut wird. W. Theat. R. 79, 36. Weckt's den Richter auf! 's ganze Dorf muss aufg'rebellt werden. W. Theat. R. 12, 33. b) *einen derb foppen und dadurch aufrütteln.* D' verliebti Mahm macht si ein Gschpas, wies sicht, dass der gschpasichi Kellner ihren Scher so aufrebelln will. n. Eip. 1815, 10, 37. c) *von einer lärmenden Musik.* Wer mit geh'n will, geht mit. He, Musikanten, aufg'rebellt! W. Theat. R. 55, 8. A Musikbanda hat den Jägerchor aus dem Freischützen aufg'rebellt. H. J. 1832, 2, 7. Da könnt man ein Straussischen Deutschen auf der grossen Trommel aufrebellen und er wurd nit munter. H. J. 1834, 30, 29. Umrebellen, herumrebellen. Wia-r-a' ai g'spia't wia', hå̊d a recht umg'rewåld drinad. W. Dö ein Kirra g'macht hat,

wenn der Mopsl untern Füssen umagrebellt hat. H. J. 1838, 3, 2, 61. Verrebellen, vrb., *in Saus und Braus vergeuden, nicht zu verwechseln mit* verrebeln. *Sieh dieses.*
Mein'n Våda'n sein Sacha'l,
Meina' Muada'-r ibr G'raffal,
Meina' Schwesta' ihr Geld
Hånib åll's varebellt. Seidl. A. 1, 4.
Rebellisch (rewällisch), adj., *in Aufruhr.* Wia-r-eam da Wei" in Kopf steigt, wird a ganz rewällisch. Meine Zänt san rewällisch. Die Beil san rewällisch. W.

**Ribeln**, rippeln (ribeln), vrb., a) *mit der Hand an etwas wiederholt hin- und herreiben, durch eine geschwinde Bewegung beider Hände reiben, wie es die Wäscherinnen mit dem Linnenzeuge machen, stark reiben überhaupt.* Wann a Schmûs nit gern wéggeht, muass mä recht rip'ln. W. Diese Sau (bona venia zu reden) die rippelte und rantzt sich an der Wand. Abr. Besch. E. 32. Hât sich d' Augen g'ribelt und sich går nit dakennt. Seidl 271. Die fangen mit alln zehn Fingern an auf'n Kopf herum z'rippeln, damit d' Borsten recht kirzengrad in d' Höh stehn. j. Eip. 25, 27. Die lieben Bekannten einseifigen und der Gesellschaft zum Rib'ln übergeben. H. J. 1843, 23, 22. Das zarteste Blatt riecht übel, wann man's z'stark rieb'lt. H. J. 1843, 12, 18. Nan, sagt er, das thoets nid, und ribbld aso mid'n Dam. n. Eip. 1819, 3, 14. Und ribeln so lång fort, bis Bluet aussizant. Seidl A. 3, 62.
Und hát a recht g'busst,
Und a Brandel wo kent't,
So schaut a' nu zue wo,
Und ribelt si d' Händt. Kaltenb. 2, 122.
Er kratzt auf der Stirn,
Und rippelt sich 's Hirn,
Und spitzt auf ein' Vers,
Wie der Wechsler auf d' Börs'. W. L.
b) *zurechtweisen, tadeln.* Warum wird also der Partheiische nit glei selber z'rechtg'wiesen und gehörig grieb'lt? H. J. 1845, 12, 35. So, nachdem wir jetzt getadelt und gerüppelt haben, kommen wir wieder auf was, was wir loben können. H. J. 1853, 7, 10. An mir liegt's nit, wenn Einer, ders verdient, nit gehörig gewaschen und gerüppelt wird. H. J. 1860, 18, 19. *Daher* Ribler, Ripler, m., a) *das Reiben*, an" Ribler macha oder toä". b) *Verweis.* Jetzt hat der erst sein'n Weib ein'n derben Ribbler geben. n. Eip. 1814, 1, 39. Der Richter hat ihm einen tüchtigen Rüpler geben. H. J. 1855, 41, 18.

Abribeln, vrb., *abreiben.* Sein Angesicht wohl mit beyden Haenden abripplete. Abr. Besch. E. 515. Herabribeln, vrb., *herabreiben.* So a Hausdetschen is nit so leicht åba-g'ribelt, wie-r a Dächtl vom Schullebra'. Seidl 259. Ausribeln, vrb., *ausreiben.* Haben s' die schmutzige Wäsch schon eing'seifigt, so ribeln Sie s' nur sauber aus. H. J. 1844, 9, 42. Und wia da Hansl auffi kuma is, bad si da Bis gråd d' Aug'n ausg'ribeld von'n bundardjahringa Schlåf. W. Gesellsch. 6, 135. Durchribeln, vrb., *stark tadeln.* Eben diese Kraehe war so nasenwitzig, dass sie fast aller Thier dero Thun und Lassen durchgrippelt, ihnen allerley Maengel ausgestellet. Abr. Huy 146. Einribeln, vrb., *einreiben.* Der Vetter hat mir mit Safengeist das lätirte Haxel eing'riebelt. H. J. 1832, 1, 9. Umaribeln, vrb., a) *eigentlich,* wem ån- Fetz'n umarip'ln um's Mäul. b) *fig.* Den wir i's schö no" umarip'ln, *zu Gehör reden.* W. Verribeln, vrb., a) *stark abreiben.* Wann s' die ganze Nachbarschaft gehörig in der Laug der Verläumdung eing'sechtelt, eing'seifigt und verriebelt hab'n. H. J. 1845, 13, 19. Ich will auch bethen für — alle abg'sclchten Jungfern und verriebelten Frauen. jgst. Eip. 1821, 2, 96. b) *tadeln.* Wann sich der junge Mann was drauf einbildet von mir verrüppelt zu werden, so kann i ihm die Freud nochmal machen. H. J. 1860, 17, 23. Zerribeln, vrb., *durch Reiben beschädigen oder entstellen.* Die Nachbarn und Freundinnen in ihrem moralischen Waschtrog so zerribeln, dass kein guter Faden an ihnen bleibt. H. J. 1841, 5, 37. I mecht's in d' Goschen schlägn, i mecht da's klain schier zrübbeln. Linderm. 19.

\*Robeln (Rôbeln), *das vrb. zu* Schm. der Robler, *raufen.* Das Kirchtagraufen, Robeln u. s. w. sind doch Beweise für meine Behauptung. H. J. 1860, 14, 14.

Raichen (riacha'), vrb., *wie* Schm., *dazu noch* Gårb'n riacha'. *Garben auf den Wagen hinaufreichen. Schon in der ält. Spr.:* Wann man Inn fürt auf der praitten, schol der pawr auffarn gen veldt und schol raichen auff den wagen (15. Jahrh.). Kaltenb. Pant. 2, 150. Den Raichbarn 32 tagberich. Chmel Mater. 85. Ist der Paur gerecht, so ist Ihm der Zechentner verfallen Zug und wagen, und soll den Zechentner mit einer Raichgapl durch das güpl ausswerffen (1579). Kaltenb. Pant. 1, 511. *Noch jetzt* Riachgåb'l f.

Abraichen (å'riacha'), vrb., *einem etwas, ihn um Geld bringen.* Er riacht eam 's ganze Geld i'. W.

Zuraichen (zuariocha'), vrb., *zureichen, handlangern, besonders bei den Maurern.* Zuariacha', m., *Handlanger.* Weilen 80000 Steinmetzen, sibenzig tausend Zureicher oder Handlanger und 3600 Meister daran gebaut haben. Quot. capita 38. Dass' s' hübsch bei mein'n Bett bleibed'n und thäd'n m'r zuerach'n, eingeb'n, Trost einsprechen. n. Eip. 1816, 2. 68.

Reich, n., *in Oesterreich das ausserösterreichische Deutschland, daher* Reichler, *die im deutschen Reiche wohnen, insbesondere Franken, Schwaben und Rheinländer; auch in früheren Jahrhunderten.* Auss dem reich wirdt geschrieben. Archiv 4, 436. Desshalben dann die Reichischen all herüber die Thunaw und denen zuegezogen warn. Herb. Biogr. 301.

Rucken (rucka, ruck'n), vrb., *wie* hchd. *rücken, dann ä. Spr., rasch anfassen, zücken.* So ainer in der Zwitracht schaidens und nicht fechtens willen von leder gerugkt (1512). Kaltenb. Pant. 1, 267. Ob ainer gedächt, ich solt nicht ruckhen, weder Messer noch Schwerdt, er hueb aber ein khandl auf und wurff ainem das zue (17. Jahrh.). Kaltenb. Pant. 1, 415. Ruckhen von schaiden. l. c. 1, 433. Wär den, dass er In ruckhet bey dem har. l. c. 1, 434. Sich rucken, *vorwärts rücken.* Alsbald er dessen in erfahrung kommen, hab er sich auf Wittenberg geruckt. Eising. hist. 328.

Composita. Abrucken. Untern 9. November abgeruckten Jahres. Cod. Au. 1, 783.

Sy dauhten mich so schnöd und swach, das ich kain but nit zuket, nach gegen in abruket. Beheim 341. Aufrucken, a) *aufraffen.* Wer ainen Stain aufruckt und wirfft, ist zu wandl (1512). Kaltenb. Pant. 1, 167. Ein gesierte Braut läst sich viel lieber zum Tantz führen weder ein ungesierte, welche unversehens aufgeruckt wird. Albert. Landst. 1, 589. b) *vorwerfen.* Der Unglaub und Härtigkeit des Hertzens, so der Herr seinen eilff Jüngern verweiset und auffrucket. Scherer Post. 293. Ausrucken *mit Geld oder auch absolut, Geld hergeben, zahlen.* Weil der Polack noch immer brav mit Geld ausruckt. Eip. 29, 29. Da sagst ihm, dass wir schon acht Tag nix Warmes g'essen haben, der muss ausrucken. H. J. 1844, 17, 18. Die Madeln nehmen die Praesenter von ein Jeden an, wann er nur ausruckt. H. J. 1834, 21, 6. *Auch* ausserrucken. Dö wird ihm g'wiss so lang zusetzen, bis er mit dem Geldel ausserruckt. H. J. 1835, 1, 1, 32. Ruck nur aussa mit deini pår Zwèsp'n. W. Beirucken, *beifügen, hinzufügen, beitragen.* Weilen es etwas Lustiges begreiffet, ist es allhier beygerucket worden. Abr. Etwas 3, 37. Gemäss deren beygeruckten Erklärungsreimen. Wien, 1716. Der Speisen und des Trinckens war genug, weiln von dem Weiber-Volk hierzu etwas beygeruckt worden. Abele Unordnung 1, 8. Dånirucken, *weyrücken.* Ruck di Bånk dåni von Ofa. W. Einrucken, a) *zum Militär einrücken,* b) *sterben.* Fürrucken, *hervorrücken.* 'n Kast'n fürrucka (*vor die Thür*). W. Fürarucka, *mit Geld, auch mit anderen Sachen.* Nåcharuck'n, *weiter rücken.* I' håb'n Tisch nur a Bissl nåchag'ruckt. W. Verrucken, *wie* Schm., unverruckt, *unverändert.* Es ist ihm aufgesetzt worden dass Jungfrawkräntzlein wegen seiner reinigkeit, die er unverruckt biss zum ende behalten. Scherer Post. 52. Die Menschwerdung des eingebornen Sohns Gottes wurde in dem unverruckten und reinen Leib der Jungfraw Maria vollzogen. l. c. 206. Vorrucken, *vorwerfen.* Ein Schalksnarr, welcher allen ihre Fehler artig vorzurucken und auszustellen gewusst. Abr. Gehab d. w. 34. Zurucken. (Moses), welcher nit gleich den geraden Weg dem gelobten Land zugeruckt. Abr. Jud. 1, 143.

**Rauden**, f., *wie* hchd. *Raude.* Der blatterige Lazarus ist der Sünder, die Lumpen und Fetzen, Rauden und Scheben seind die Erbsünde. Scher. Schr. 1, 222, b. Sie war bedeckt mit Geschweren und schändlichen Rauden. Stöckler 1, 376. *Die Erde hat eine* Rauden, *wenn es nach einem Regen sehr heiss wird.* Raudig, hchd. räudig. Wenn ein Pferdt raudig ist, so wasch die rauden mit Laugen, da wermut innen gesoten sey, biss sie abgeen. Albrecht. *Häufig als Schimpfwort, zerlumpt, in seiner äusseren Erscheinung verkommen.* Hernach sollen d' Männer mit ihre Winterröck so zodig und raudig ausschaun, wie d' Wasserbärn. H. J. 1838, 1, 1, 62. Wann ich denk, was Sö für ein zausiger, raudiger Mistbue waren, und was Sö für ein Mordmann worden san.

Mos. N. F. 4, 18. Ich hab schon schlechte Kameraden g'habt, aber so a raudig's Erdzeissl no nöt. Mos. V. L. 7, 37. Raudigs und Waudigs, *wie* Schm. raudi-maudi, *alles bunt durcheinander, von Personen und von Sachen.* Ein Wunderdoktor, der Taube und Lahme, Blinde und Gichtbrüchige, Magere und Fette, Raudigs und Waudigs kurirt. H. J. 1844, 1, 13. Bei so einer Massa muss mans nit g'nau nehmen, da kummt Raudigs und Waudigs unter einand. H. J. 1839, 6, 6.

*\*Rid, *in den Redensarten* alle Rid *und* in oan'n Rid. Es geht nid anderst zue dort, als wann m'r auf der Börs wär, alli Rid (*jeden Augenblick*) steig'n und falln d' Frücht'n. n. Eip. 1818, 5, 14. Dass a jeder B'soffner, der durchgehd, alli Rid rechts und links anwandeln muess. n. Eip. 1817, 11, 24. Hietzt lauf i in ein'n Rid über d' Stiegen in'n dritten Stock. n. Eip. 1817, 3, 50. I muss alli Rid niasst'n, weil i' d' Straucka håb. W.

*\*Ridig, adj., *zunächst vom Rindfleisch;* ein ridig's Fleisch *ist ein schlechtes, grobfädiges, zähes, saftloses Fleisch.* Pop. Ridig's und Raudigs, *eine alliterirende Redensart, alles durcheinander.* Der nix weniger als Ridigs und Raudigs z'samtreibt, sundern lauter ordentlichs Vieh stehn hat. n. Eip. 1814, 10, 36. Nimmt Ridigs und Raudigs an, wanns nur a Geld tragt. n. Eip. 1814, 8. 10. Zur Erzieherin bietet sich Alles an, Ridigs und Raudigs. H. J. 1851, 18, 22.

Riedig's und Räudig's,
Kropfat's und G'schmeidig's,
's Derndal und 's Wei,
's Weinl dabei. Seidl 56.

*\*Refolter (Refolta'), m., *franz.* revolte, *lautes Getöse, grosser Lärm — auch Unruhe.* z' Tromau is ôfta' bei da' Nacht da Teufl durchg'fåhrn mit-r-an entsetzlinga Revolta'. W. In daganz'n Mühl håt a Lärma und a Revoltar a'g'hebt, as wånn da' Teufl los wor'n war. W. Im Burgtheater habn viele

dö Unart, dass 's bei der letzten Szen davonlaufen, und da mit ihre Sperrsitz und mit die Sessel und Thüren von die Loschen ein solchs **Revolta** anfangen, dass man nix hört. H. J. 1839, 5, 7. Auf einmal fangt ein unbändigs **Revolter** an, glei drauf ein Schrei'n und Bravorufen. H. J. 1838, 2, 2, 17. Dös häd i nid z'sagen braucht, so wär der ganzi **Refolder** nid ausser kummen. n. Eip. 1819, 1, 60.

    Wann beinah die halbe Welt **Revolta** hat,
    Leben wir da in der Wienerstadt
    Ohne Sorgen, dass uns wer a Haar
    nur krümmt. W. L.

**Refoltern (refolta'n)**, *lärmen*. Jä, 's Pumpern und **Revoltern** wär so stark, dass der is munta' wor'n. W.

**Refsen**, vrb., *züchtigen, tadeln, schelten*. Mhd. W. B. 3, 608.
    Diser povel zusamen trat,
    Sich hub ain grasses **räffczen**,
    Ain geradel und mäffczen. Beheim 143.
    Dy schelk von allen schelken, dy
    mahten einen lauten schal
    mit jubilirn und **räffczen**,
    lautem juchczen und mäffczen. l. c. 184.

*****Ragouvolk**, *Schimpfwort, so viel als Gesindel, schlechtes Volk*. Vor an'n solch'n **Ragouvolk** muess m'r wohl Thür und Thor zuesperr'n. n. Eip. 1817, 10, 29. Sö geb'n hietzt alli Midwoch (also an ein'n Werktag, wo das **Ragouvolk** arbet'n anstad ummerjodln muess) ein'n G'sellschaftsball. n. Eip. 1819, 2, 46.

*****Regal**, n., *sehr beliebt in der Bedeutung Geschenk*. Colombine ist mir noch getreu und verspricht mir ein **Regal**. Hafn. 3, 156. Es seyn amerikanischi Vieherl, dö i zu ein'n **Regal** g'kriegt hab. n. Eip. 1816, 9, 54. A kloani Omassn bringt a kloa'ns Läbladl in ihrn kloa'n Maul zun an **Regal**. Mission, Widmung. *Daher* **Regaliren**, *beschenken, traktiren.* Wessenthalben hat der Heyland dazumahl dem Peter mit einem so grossen Fisch-Zug regaliret? Abr. Jud. 4, 26. Er solle sie und ihren Magister auch einmal regaliren, und zu seines Vattern Tafel einladen. Abr. Jud. 4, 98. Augustinus wird wider alles Verhoffen mit einer stattlichen Speis regalirt. Abr. Etwas 1, 303.

*****Regat**, m., *entstellt aus franz. regard, wahrscheinlich von den französischen Kriegen zurückgeblieben*, *Respekt, Achtung*.
    Häbnt d'Menschar und Buema
    **Regat** kriegt für mi',
    Und i' hän mi öpps zimmt,
    Dai so haochg'seha bi'. Wagn. 69.
    Voll **Regatt** mit'n Leuchta'
    Geht d' Wirthin voran. Kaltenb. 2, 171.
    Häd kain Mensch mehr an Achtung
    Ghäbt und kain **Regat**. Stelzh. 1, 192.
    Denn wir san eng überall akrat,
    Drum hab'n d' Leut vor uns **Regat**. W. L.

Wanns fahrn, stehn die Kutscher alle Augenblick auf und schaun, ob keine Leut nachkummen, und hab'n kein **Regard** auf die dö vorn Wagn gehn. H. J. 1840, 12, 17. *Daher* **Regatiren** (*auf jem.*), *auf jemanden etwas halten, ihn schätzen*. Da' Mä' muass auf sein Weib wäs regatir'n, sunst is's g'felt. W. Weil er sich mit sein'm Freund unterhalten hat, so hat er dös Ding nit regardirt. H. J. 1839, 6, 44.

*****Regenz**, f. (ä. Spr.), *Gewalt, Vollmacht*. Ain ungetailter vetter und erb zu ainer gewaltsam und regenncz innhaben. Chmel Mater. 1, 61. Das er zu kainer regentz gelassen werd. l. c. 144.

**Rigel** (Rig'l), m., a) *ein kleiner Hügel, ein Bergabhang, steilere Absätze eines Berges, findet sich schon bei Megenberg*. Wider die slaugen riht Moyses ain erein slangen auf einem **rigel** von gotes gepot. Meg. 268. Auf den **Rigl** hinab hintz an den Gaisperg. (1512). Kaltenb. Pant. 1, 216. Bis an den **Rigl**, der von der Herrschaft Hoffholtz herab an den weeg gehet. l. c. 1, 352.

Wia hecha di Rigeln,
Wia flinka di Gams,
Und wia kloana di Diarndaln,
Wiar herziga sans. Vogl, Schnad. 46.
Häb mih z' höchst goar au'm Rie-
    gerl
Zu'm Ränd zuwighockt. Seidl 205.
**Steinrigel**, *die kleinen Hügel, welche durch die aus den Weinhergen geschafften Steine entstehen.*
b) *eine von Schlägen herrührende erhabene Strieme an der Haut von Menschen oder Thieren.* Er giebt mir eine Schmira ins Gsicht, dass i den rothen Riegl 14 Tag nit wegbracht hab. H. J. 1840. Der Massena mit'n portugesisch'n Rieg'ln auf'n Balck. n. Eip. 1815, 6, 32. Da radeln sies so fest z'sammen, dass s' hernacher, wanns mid bloss'n Armen gengen, Riegl hab'n, wie d' g'selchten Würstl. l. c. 1816, 1, 53. Ja man bringt
D' blauen Fleck
Und d' Rigeln weg.
Mos. V. L. 5, 72.
c) *wie hchd.* Riegel.
**Rigeln** (rig'ln), vrb., *etwas Starres, Festes in Bewegung setzen, rütteln.*
Welch Weingart hat starck grunt und erdn,
sol zeitlich ghaut und griglt werdn.
Rasch Weinb. 58, 6.
Damit die erd
sam zugepitzt hübsch befunden werd
fein grigelt und geheufflet auff.
l. c. 54, a.
Dardurch etliche häuser, die nit mit gutem zeug gebawt waren, eingefallen sein, von den vorigen bidmen erschüttet und gerügelt. Rasch, Erdbid. D. 3. Die Becken, denen das Mehl in Säcken kombt und bey dem Abmessen nicht gerigelt wird, welche Riglung bey jedem Muth 2 Strich, 2 Achtl ausstraget. Cod. Au. 2, 53. Wer riglet die Erd, dass sie erbidmet? Abr. Merks W. 100. Welches ihm dermassen das Gemüth geriegelt, das Hertz eingenommen. Abr. Jud. 2, 71. Da waren so grosse und schwere Waffen, dass der Schnaider sie nicht einmal riegeln konnte. W. Dabai häd 'r brülld, dass d' Wänd zittard häh'n — und 's gänzi G'schloss häd si grigld: W. Gesellsch. 2, 133. Wia sain Wain 'n Kopf rig'ln duad. W. Weil ihr in'n Winter die Kälten in der Kirchen d' Krämpfungen riegelt. n. Eip. 1815, 4, 23.
Wänn öpper a Stoantrumm wo lödi
    wern that,
Thuats nid går viel riegeln. Schoss.
N. 92.
G'schickti Werkführer, dö aso a G'werb recht z'rüg'ln wiss'n. n. Eip. 1818, 10, 69. Es kumen schon Augenblick, wo ihn 's böse Gwissen mahnt; hat's do im Fasching sogar ein Bräumeister g'rieglt. H. J. 1842, 5, 2.
Siechst, wie dö Buriga d' Trummel schän rigeln? Linderm. 131.
Wänn ma si lifdi umdrahn duad,
Dös rigelt am gråd 's gänze Bluad.
Sengschmitt.
Den a Bussl nöt rigelt,
Um den Buem is'a g'scheg'n. Wagn. 71.
**Rigeln** (*sich*). Unsere Ohren werden geschröcket, da sich ein Bloder-Maul riglet. Abr. Etwas 3, 743.
Wäldbau'nbua'm rig'lds eng!
Häbt's a Geld a' bai-n-eng! W.
**Aufrigeln**, *auflockern, aufrühren, bewegen.*
Dass er mit der fastenhaun
Fleissig und teuff auss rechtem grund
Die erd auffrigle. Rasch, Weinb.
53, b.
Mit der Wurffschauffel den Waitzen auffriglen. Erhard, Widert. 25, a. Ein Regung und Aufriglung dess von viel hundert Jaren ausgefegten Koths und Mists. Scher. Schr. 1, 461, b. Den Witz und Geist im Menschen aufriegeln. j. Eip. 1810, 9, 81.
Schön frisch is da' Klä
Wänn a-r aufwächst in d' Hä,
Schön frisch is mein Bluat,
Wänn i' 's aufrig'ln thua. W.
**Rigelsam** (rig'lsäm), *rührig, thätig, beweglich.* Das ist do ein Glück, wann der Mensch bei einen solchen Alter no so rigelsam sein kann.

H. J. 1836, 4, 2, 48. Da is'n Herz von einer Wienerfratschlerin weit rieglsamer und bewegsamer n. Eip. 1818, 10, 57.

Und öbba wird's böser,
Und wieda wia eh,
Und da rügelsam Steyrer
Kimmt wieder in d' Höh'. Kaltenb. 2, 101.

**Rogel**, roglich (rög'l, rögli'), adj. und adv., a) *nicht fest, locker, beweglich, wackelnd, zusammenhängend mit rigeln.* Das Mell in der einmass nicht zu vast noch zu wenig aufrüer und rogl mache. Mahl-Ord. 3. Ein grund ist saur oder süss, faist, mager, vesst, roglich, starck, sandig, hitzig, wassericht oder dürr. Rasch Weinb. 51, b. So stehet dein Doctor Baret kleber und rogel auff deinem Kopff. Scher. Fronl. 69. Das Römisch Kayserthumb stehet gar kleber und rogel. Scher. Schr. 2, 89, b. Die Kirch kan weder durch Wassergüss, noch sonst durch ein Wetter rogl werden. Scher. Schr. 2, 166, a. Da ist der Ziegel, auf dem er gekniet, alsobald beweglich, oder, wie man pflegt zu sagen, loss und rogl worden. Abr. Jud. 4, 192. Weiber, welche so eyfferig beten, dass ihnen die Zähn rogel werden. Abr. Etwas 3, 378. *Dieselbe Phrase noch* Jud. 1, 185. 1, 261. 4, 152. Weil die Taubn die Dachziegl rocklig machen. j. Eip. 15, 6. I bin halt (*sagt ein mit einem Blähhals behafteter Steirer*) im Hals a wengel gar stark g'riegelt, a wengel rogli. Mos. 3, 45. I fahr aus mein Traum in d' Höh, und hab ihr richtig etliche Zähn rogli gschlagn. H. J. 1842, 1, 17. Sich die Zähn rogli beissen. l. c. 1840, 8, 58. Bei der Ein'n so wie bei der Andern sein die Tetschen rogli. H. J. 1847, 22, 43.

Wie wānn hint'n d' Berch, dö's hör'n,
Alli wollt'n rogli wer'n. Seidl 167.
Er schmieret' enk ān,
Enker Ehr war rog'l. Kaltenb. 2, 106.

Weil sein Verstand immer a Bisserl rogli war, so hab i glaubt, er hat'n ganz verlorn. H. J. 1841, 11, 7. Gerade jetzt werden in mir Wünsche roglich wie Kisten, die auf einen Schubkarren schlecht aufpackt sind. W. Theat. R. 79, 10. Sie haben durch Ihr Ausfratscheln meinen ganzen Schmerz wieder roglich gemacht. l. c. 69, 5. b) *Bei* Höf. 3, 41 *und* Schöpf 562 *findet sich auch die Bedeutung sachte, sanft, für die ich keine Belege habe.* c) *frei, vor Freude lebendig.*

Awa so bin i rogli,
Bin lödig und frei,
Und kann hi, wori will,
Duris römische Rei'. Stelzh. 2, 216.
I kunt mas nöt zwinga,
So gern i ma's swung,
Denn ungfahr wurd i rogli,
Vogass mi und sung:
Juheidi, juheide,
Trilara, liridum. l. c. 34.

**Rogen**, m., *Vortheil, Gewinn.* Zu den Belegen aus früherer Zeit bei Schm. habe ich neuere. Wann der Onkel einmahl stirbt, ziehen w'r ein'n rechten Rogen, denn der hat Geld wie Mist. n. Eip. 1814, 6, 53. No, wenn d' Wirth von ein'm Salat hören, da habens ihren grössten Rogn dabei. H. J. 1839, 1, 12. Er wollt dem Andern den Rog'n aus'n Zähnen reissen. H. J. 1841, 8, 47. Der Holzversilberer und die Holzlegerweiber habn schon ihren Rogn. H. J. 1843, 4, 34.

**\*Rogeis**, n., *die Trümmer des Eises, die auf der Oberfläche der Flüsse treiben.* Es rinnt das Rogeis, der Stoss wird bald kommen, *sagt man in Wien.* Pop.

**Rahen**, Rachen, f., a) *und* b) *wie bei* Schm. c) Rahen, Rähel, f., *ein Feld- und Bergmass, besonders für Weingärten,* (in Perchtoldsdorf bei Wien 10 Pfund, so sind sie in den Grundbüchern eingetragen. Pop.), *in früherer Zeit ein Viertel- oder ein Achteljoch. Fehlt im* Mhd. W. B., *obwohl es im 14. Jahrhundert schon oft vorkommt.* Klagten gegen aim weingarten, des funf **Rahen** sint (1336). Zeibig *Urk.* 1, 258. Daz wir verchauft haben unsern weingarten, des drei **Rachen** sind (1346). l. c. 1, 312. Prueder Cholman chlagt auf ein **rebel** des weingarten (1368). Weis *Urk.* 2, 283. Meine weingarten gelegen zu —, des zway **Rechel** sind (1413). Schlag. N. F. 3, 332.

Und waiss wol, was es mich gestebt,
Wie vil stro auff ein viertl geht,
Der in ein **rábel** weingart wird
Verbundten, als darauf gebürt. Rasch Weinb. 55, b.

Aufschlag auf die Wein-Gärten von jedem Viertel von zehen Tagwerch oder zehen Pfundten oder zwei **Rúheln** oder zwei Achteln 12 Schilling. Cod. Au. 1, 96. Vom Viertel (Weingarten) zwölff, von zwo **Rúbel** dergleichen, von einer grossen **Rahen** neun Gulden, und von einem Pfund Bau einen Gulden reichen. Cod. Au. 2, 426. Von einem Joch Bergthäding 4, von einem halben Joch drei, von einem Viertl 2, und von einer **Raahen** 1 ₰. (1615). Kaltenb. Pant. 2, 293. *Was heisst nun aber* **Rahen** *in dem folgenden Satze:* Ein jeglicher soll raumen die **Rahen** vor seinem weingarten, wie die stigl vor seinem weingartten auch zu vermachen. Kaltenb. Pant. 2, 294; *soll es vielleicht heissen* **Reihen**? *Siehe den folgenden Artikel.*

**Reihen** (Reicha'), f., *schmaler Gang zwischen zwei nicht ganz aneinander stehenden Häusern, wo die Dachtropfen von beiden Häusern hinabfallen; in einigen der folgenden Belege der Weg, welcher zwei Weingärten trennt. Nach* Schm. *richtig erklärt im Mhd.* W. B., *wo jedoch nur ein Beleg aus* Nth. *angeführt ist.* Sollen all **reihen** zwischen den hewsern recht bestellt sein und Ir mass haben (1434). Kaltenb. Pant. 1, 90. Man soll kainen unflat aus den **Reichen** auf dy gassen schütten (1497). l. c. 1, 567. Es soll ainer dem andern sein wasser nicht laitten durch das dorf, es sey durch sein haus oder durch sein **Reihen** (15. Jahrb.). l. c. 1, 299. Wann die vierer auf **Reihen** gehen und auf Rain zu dorff und zu Perg (1512). l. c. 1, 324. Unser Freyhait vermag, das der unter bey dem obern **Reichen** recht hat, von hauss zu hauss (1543). l. c. 1, 117. Soll niemandt dem andern seinen friedt oder **Raichen** aufheben (1613). l. c. 2, 237. Es soll kainer kain **Reichen**, noch keinen wasserlauf verschütten, sonder sein **Reichen** und wasserlauf raumen. l. c. 2, 122. Ain **Reiben** zwischen zwayen Nachpern soll haben dreyer schuech weit. l. c. 1, 48. *Das Wort ist jetzt noch im Gebrauch.* **Reichenraum**, m. Wir wellen, das die **Reychenrawm** allentbalben versehen sein und kainer dy vermach, damit das wasser chainen schaden pring. Kaltenb. Pant. 2, 95. **Reichenrecht**, n. Wir rüegen auch das bey unserm Aydt, **reichenrecht** mit dähern soll man wenden (1667). l. c. 2, 259.

*****Rakali**, f., *ein Schimpfwort.* Da hat mein Frau d' ganze Gsellschaft ein **Rakali** gheissen, und ist in grössten Verdruss davon gfahrn. Eip. 28, 21.

**Rülpes**, Rilpes, m., *grober Mensch.* Ein grober **Rilpes** — ist Helena gegen der schönen Warheit. Abr. Jud. 1, 93. Dieser **Rilpes** kombt fast alle Tag mit Brügeln. l. c. 1, 141. Der ohne das ein grober **Rilpes** ware. Abr. Etw. 3, 572.

**Rülz**, m., *grober Kerl.* Die alten Kirchenlehrer müssen gegen dem Luther eytel grosse Esel, Tölpel, Knebel, **Rültze**, Klötze und Plöche seyn. Scher. Pr. 1, 28.

**Rülzen**, vrb., *rülpsen.*

Das Schwein gruntzt, bürstet sich,
Es schnudert, krobst und schmatzt,
Frisst das Geschlöper aus,
**Riltzt**, kotzt ob dem Geschnuder.
Abele Unordn. 5, 24.

**Ramel** (Räm'l), m., *Schmutz im Gesichte;* mhd. răm, stm., *Russ, Schmutz,* **rámec**, adj., *russig, schmutzig.* Mhd. W. B. 2, 1, 548. **Räm'lkäts'**, m., *Kind, das im Gesichte sehr schmutzig ist;*

rämli', *schmutzig im Gesicht, besonders um den Mund herum,* ä͞räm'ln sich, *sich mit Speisen im Gesicht schmutzig machen, auch scherzweise, wenn jemand von einer Speise nur wenig bekommt.* Dä kï͞st di' ä͞räm'ln damit; Du bäst di' äba hiazt ä͞g'räm'lt, *wenn einer von dem, was ihm vorgesetzt wird, nicht viel isst.* W. *Daher* Räm'l, m., *Schimpf für faule, schmutzig aussehende Frauenzimmer.* Was, sie Rammel? wenn sie mir das sagt, geb ich ihr eine Ohrfeige. Hafn. 3, 67. Uns Dienstherrn bleibn nur d' schröcklichsten Rameln über. n. Eip. 1815, 10, 85. So ein Rammel, der ein z'sammbracktes Kollatscheng'sicht hat. II. J. 1835, 1, 3, 4. Der Ramel kann nit einmahl ein Loch in ein Strumpf zustoppen. H. J. 1834, 19, 7. Rämanästa' (schwarzn'), *spottende Bezeichnung einer schwarzen Person.* W. Rämlein (Räm'l), n. a) *Das Dicke und Harte, was bei einem Muse oder ähnlichen Speisen auf dem Boden und an den Seiten des Tiegels oder der Pfanne sich anlegt, z. B.* Kochräm'l, Schmärräm'l, Sterzräm'l. Der Sterz is rämlet. *Auch* rämli'. Das G'sicht is rämli' (*von Rotz*). Das is mein ganz's Essen, und da lass i oft no d' Rammeln stehn, wann so si in'n Reindl ang'legt hat. n. Eip. 1816, 2, 63.
 Geh laih ma' dai͞ Méssa'
 Zun Räm'l ausschern. W.

b) *überhaupt angedorrte Theile einer dicken, flüssigen Masse, also* Blueträm'ln, Rötzräm'ln. Rämlet, *ramlicht, mit* Räm'ln *untermengt.*

**Ramatten** (rämät'n), vrb., *ein Gepolter machen, z. B. mit Stühlen in einer Stube, laut lärmen.* Wie d' Münzhämmer in den Münzhäusern z'rammat'n hab'n ang'fangt. n. Eip. 1818, 5, 29. Da hat mir mein Herz so g'schlagen, als wann dem Herrn Vettern seine sieben Mühlgäng drinnen ramatheten. n. Eip. 1813, 9, 27.
 Von Eisen san d' Stangel,
 Und 's Thürl is zue,
 Is umsunst dein Rämätten,
 Es häbt da' föst gnue. Kalt. 2, 50.

(Krieg'n) kain Stimm, sist rämättaten s' schon, weil sis gern thain. Stelzh. Ged. 288.
 Jatzt mächts auf oan Mäl an Dunnrer!
 Gleih drauf wieder und wieder romäts über d' Beringar umi,
 Purrt und saust in Holz. Misson 21.
**Ràmätterei**, f., *starkes Gepolter, lautes Getöse, Lärm.* Wie i so z' nipf'n anfang, hör i a Ramaterei auf der Kellersteig'n von ein'n Sabel und aner Sabeltasch'n. n. Eip. 1816, 8, 60. Wie d' Ramatterei und d' Rasslerei mit allen Hofwaagen in einer Zeil nachanander ang'hebt had. n. Eip. 1815, 2, 31. In'n Kasten is oft a Ramaterei von'n Holzwürmern, als wann a Tischlerwerkstadt drin'n wär. n. Eip. 1815, 12, 4. A G'stanz und a Ramaterei habn's verbracht, als wann s' in a sechs oder zwölf Staadl'n z'gleich dreschet'n. n. Eip. 1816, 2, 14.

**Raum**, m., raumen, vrb., *wie* Schm. Dazu wäre noch nachzutragen. Ich wils noch mit einem Exempel versuchen, ob ich dir zum Verstand ein wenig raumen könnt. Scher. Schr. 1, 315, a. Abraumen (ä'räma'), *einem etwas, es ihm entreissen, rauben.*
 Kloan bin i', dös woas i',
 Hän 's Wäx'n versamd,
 Und häb oft 'n gross'n Buabnan
 Dö Deandarln abgroamd.
 Vogl 128.

*Besonders häufig in der* R. A. einem das Maul abraumen, *oder auch* einen abraumen, *ihn durch Worte zum Schweigen bringen.* Wann a gnädichi Frau auf'a Mark aner Fradschlerinn recht 's Mal abramd. n. Eip. 1819, 1, 51. Dass i denen a glei 's Mal abgramt hab, kann sich der Schwager denken. II. J. 1840, 8, 55. Sein Bub ramt ihm 's Maul ab, sobald ihm was nit recht is. II. J. 1841, 1, 55. Einraum, f. (*fehlt auch bei* Grimm). a) *Einräumung.* Dieses 1593. Jahr übergibt Sigismundus Ihr k. Maj. sein Land, neben Einraum der zwey Fürstenthumb Oppeln und Ratibor. Maur. ung. Chron. 191. b) *schlechtere Knochen oder schlechteres Fleisch*

*welches beim Verkauf des Fleisches von den Fleischern zugewogen wird, verschieden von der Zuwage.* Haben die Fleischbeschauer nachzusehen, ob die Fleisch Wagen gerecht und keine sogenannte Einramm an Schrot und Beinern darin befindlich (1780). Kaltenb. Pant. 1, 141. D' Fleischhacker müssten nur die Pfenning, die ihnen die Einram und die stinkenden Knochen tragen, z'rucklegen. H. J. 1834, 27, 5. Die Holzhändler kunnten sich net, wie die Fleischhacker, auf die Einram ausreden, wann bei drei Pfund ein halbes Pfund fehlt. H. J. 1845, 11, 5. Das Eisen hat do keine Einram und keine Zuwag. H. J. 1845, 18, 30. Obs an dem Tag nit eine grössere Zuwag und mehr Einram gebn hat, dös ghört in die Geheimnisse der Fleischbank. H. J. 1846, 18, 38. **Raumauf**, m., *Dieb*. Dieser ungeladene Raumauff wird ertappt. Abr. Lösch W. 37. **Überraumen** (ûba'rầma'), *freiwillig abtreten*.
Und ich möcht da mein Dearnd't Gern ûba-rama. Seidl A. 1, 14.
**Zusammenraumen**, a) *zu Grunde richten, stark hernehmen.* Als das Halter Büberl David den fleischenen Thurn, den Goliath, hat zusammengeraumet, damals hiess es musiciren. Abr. Narrennest 2, 110. Kloan z'sämmgramt von Alter. Gartner 121. So is der Mensch auf ja und nein sauber z'sammgräumt. Mos. V. L. 4, 18. Schau, sagts, had mi dö a Bissl z'samg'ramd. n. Eip. 1815, 8, 84. 's Fiaba håt mi gånz z'såmg'råmt. W. b) *gut zusammenrichten, herrichten.* Ich hab nicht bald schönere und z'sammgramtere Leut gfunden. n. Eip. 6, 21. *Daher* sich zus., *sich erholen.* Wia er åwa 's Doarf hinter cam gbåbd håd, rahmt er si glei wida zsåm. W. Gesellsch. 6, 111. c) *verzehren.* Wann er zwei Capaunen verzehrt und einen kälbern Schlägel zusammenraumt. Talmuth 130. Gewiss ist es, dass ein Mensch, wann er ein kälbernen Schlägel zusammräumt, nachmals viel leichter im Gewicht, als vor dem Essen. Abr. Jud. 4, 68.
\***Rematische**, n., *der Rheumatismus*; rematisch, adj.
\***Remis**, f., *Remise, eine gartenähnliche Bepflanzung eines Feldes mit Gesträuch und Stauden zum Behuf der Hegung des Wildes.* W.
**Remisori**, f. auch n., *eines der vielen verdorbenen Fremdwörter, für die der Oesterreicher eine besondere Vorliebe hat, Unordnung, grosses Getöse, Gepolter, lärmende Unterhaltung.* Mein Vetter ist morgen nicht zu Haus, und da halten wir in der Wagenschupfen unser Remisori. W. Theat. Rep. 37, 12.
Wia's himmlatzt und kracht,
Und wås's heunt für a schiach's
Remassari nöd mächt. Kaltenb. 2, 133.
Au'm Freidhof soa'n au'm Abn'd nåch'n Sög'n.
Dö Stückeln von sein'n Leib zasetzta g'lög'n,
Und von da Kia'ch'ndia' hâd's bei du' Nåcht
Durch vieli Jåhr a Römassori g'mâcht. Cast. 293.
Für d' Engeln is dort
Ramassori nu gnue. Stelzh. 2, 139.
Der Wirth schreit: Leut, i bin der Regenschori,
Und wånn i deut', geht los die Remasori. Weyl 130.
Dass eana da Himm'l zu-n-an'n Remisoari 's Wåss'r in a sinssi Müli umg'ståld'd hed. Ziska M. 18. Wer a rechter Siffling war, der had sein Remisori tüchti hab'n kinnen, denn d' Wein war'n unvergleichli. n. Eip. 1814, 12, 57.
\***Remper** *kam mir nur einmal vor in folgendem Satze*: Ein andächtiger spindisirender mönich habs ein mal in seinem remper oder refectauben (*also Speisesaal?*) mit kreiden an die wand geschrieben. Rasch Gegenpr. D. 3.
**Rumpumpel**, f., *wie Runkunkel, Spottbenennung für ein altes Weib.* Ein armer, doch schöner junger Graf hat

sich oder vielmehr seine Freyheit an
eine sehr reiche, doch übel gestalte
Wittib oder verlegne **Rumpumpel**
verheyrathet. Abele Unordn. 5, 124.
  Du älte Rumpump'l,
  du z'rissne Latern,
  di' mecht i' nit heirat'n,
  wännst 's Teufls thast wern. W.

**\*Ramsamperl**, m., *ein sehr lebhaftes Kind*.
  Als Bua, non dä wär ih
  A rechta Ramsamperl,
  Jetzt bin i so frumm,
  Wie-r-a Budalamperl. Seidl 70.

**Rennen**, *wie Schm.*, *dann noch einem einen heftigen Stoss geben während des Rennens, heftig stossen*. Die Kellner haben bald da bald dort ein von den Gästen auf d' Seiten g'rennt. H. J. 1835, 2, 1, 5.
  Wie d' Granadiera schän d' Baurn
    dänbi prigeln
  Und mit'n Büchsnau schän renan
    in d' Seit. Linderm. 132.
  'n Stauffa sait s' ins Aohrn und rennt'n
    mit'n Öllboin (*Ellenbogen*). Stelzh.
    Gd. 318.
  Compos. Rennt ma d' Faust in d'
    Näsen äni,
  Reisst ma s' Treindel däni. Linderm. 142.
  Häb aui wölln gucka
  Und häb an Flügel vom Fenster
    eingrennt. l. c. 179.
  Baim Ofendürl häd a aussag'schaud,
  Mit'n Kochlöffl häde'n auffig'baud,
  Mit'n Schirhagel häd s'n a inigrennd,
  Und da dummi Kerl häd's nid kennd.
    Vogl 114.
  Da Wind hät, g'sötzt, an Zaun, a
    Maur, a Dach, a Wend,
  A Städelöck, a Thür, an Gädern
    nidag'rennt. Linderm. 86.
*Viel häufiger wird jedoch das subst.*
**Renner**, m., *Stoss, mit einem verb gebraucht*. Der Kinig in Preussen had glei 'n russischen Kaiser mit'n Ellnbogen ein klein'n Renner g'geben. n. Eip. 1814, 11, 48. I hab von ihr ein Renner kriegt, dass i fast in's andere Zimmer umitamelt bin. H. J. 1835, 1, 3, 57. So gibt ein'n d' Musi ordentli ein'n Renner in d' Seitt'n. n. Eip. 1815, 10, 41. Da wird einer, dems ein Renner in d' Seiten gebn habn, gifti. H. J. 1839, 3, 20. Dass ein Dienstboth dem Pintscherl mit'n Fuss ein Renner gebn hat. H. J. 1839, 4, 31.
  Häst leicht an Tritt kriegt af d' Füss,
  han, oder an Renner in d' Seiten?
    Stelzh. Gd. 369.
  Da gibt ma'r ein'r mit älla Mächt
  An'n Renna auf dö Seit,
  Recht krafti, dass ih g'meckszt hän.
    Seidl A. 1, 49.
  Wäs für Pöff und für Renna
  Häm s' kriagt, dä dö Stoan'. Kalt.
    2, 127.

**\*Rand**, m., Rantel, Ranterl, n. dim.
a) *kurze Zeit, Augenblick*. An Ränd ausbälten, a Ranterl wärten. Alle Rand, *alle Augenblick*. D' Leut, die setzn sih iatzen vorn Häusern a Randel aufs Bankel. Misson 32. Alli Rand porzelns dafälln si' leicht wo. Sengschmitt. b) *sich einen Rand annehmen, einen Anlauf nehmen, nach längerem Vornehmen zu einem Entschlusse kommen, auch Anräud; eines Ränds, in einem Ränd, in einem Anlauf, in vollem Jagen*. Der Widdr ist über ihn ergrimmet, gehet iu etwas zurück, nimmt einen Anrandt und stosset den Gesellen über und über. Abr. Reim dich 41. So nimmt er sich einen Rand und lauft geraden Wegs zum Grafen hin. Hafn. 3, 104. Endtli hab'n se si ein'n recht'n Rand gnummen und sein auf di Tribun auffig'stieg'n. n. Eip. 1816, 12. 45. Hiazunda nimd a si an Ränd, mächt a bes's Gsicht und tritt zwischen sö. Cast. 228. Da Häns nimd si an Ränd und geht zun Fäda'n. Cast. 120. Endlich nimmt er sich ein Rand und redt. W. Theat. R. 52, 24. In einem huy oder randt sein obligende Treu bezeigen. Abele Met. 2, 69. Glei wär main Stuben

voll in oam Rånd nåch da Zweri. Antw. auf d. Beschr. A. 2.
  Er setzt sich und nimmt in ein'm Rand
  Papier und a Federn in d' Hand. W. L.
  Ist ani hübsch, so geht s' glei weg vom Land,
  Tragt ihre Schönheit in d' Stadt in an Rand. W. L.
Da' Bua is aso dakoma, dass ar auf und davon g'rend is und oans Rånd's hoam. W.

Rantweise, adv., *zeitweise, mit Unterbrechungen.* Da had se si randweis ummerdrahd und, umgwalzn wie a Frischling. n. Eip. 1817, 8, 52.
  Doch weil an'n die Zwasiedlerei nur a Zeit
  So guet, als wie 's Ansid'ln randweis nur g'freut. W. L.
*Ein anderes Wort ist* Rant Schm. 3, 113.

\*Ringeln, vrb., *von den Schweinen, ihnen einen Ring durch den Rüssel ziehen, damit sie nicht wühlen können.* Schmid 434. Stalder 2, 278. Wer sein Schwein nit ringelt, der ist von jeder zu wandl 72 ₰. Kaltenb. Pant. 2, 152. Welcher Saw hat, die soll man albeg zu Sanct Görgentag und nach dem Schnidt zum herbst ringlen (1579). l. c. 1, 512. Ess geschicht in der Au, und den holzstetten, item in don wissmathen durch das wüellen der Schwein grosser schuden, darumb dass sie nicht geringelt werden (1640). l. c. 2, 304, Wo ein schwein ungeringelt erfunden wierdt, und die vorster solches nit anzaigen, sollen sie gestrafft werden. l. c. 2, 304.

\*Rienken (Reā'k'n), m., *ein rundes Stück Brot, ein grosses Stück.*
  Q. Und dā is a Reanken Brod.
  Str. Dieses Brod kenne ich nicht.
  Q. A Reanken — a Stuck hält.
  Baum. 57.
Da had er ihm a Halbe Bayrisch und ein'n schön'n Rienck'n Brod geb'n lassen. n. Eip. 1816, 12, 17.
Zum Nachtmahl von Hauslaib ein'n Renken Brot. W. L.

Dā kriegt ma Renken Fleisch, das aina si vaschaut. Lind. 119.
A ganz ordentlicher Rienken Rindfleisch. n. Eip. 1816, 2, 61.
Rienkeln (reā'k'ln), vrb., *eine krumme Bewegung hin und her machen;* a) *hin und her ackern,* b) rienk., *am Brodlaib, mit Anstrengung schneiden, um ein recht grosses Stück Brot herabzuschneiden.* Im Brod umrienkeln, Brod anrienkeln. W.

Runkunkel, f., *Schimpf für ein altes Weib, das gern jung sein möchte.* Es ist freilich weit beliebter ein Purpurfarber Mund bey einer Jungen, als eine alte Runckgunckel, waon sie ein Maul hat, wie ein rostiges Schlüsselloch an einer alten Keller-Thür. Abr. Gehab d. w. 267. Du alte Runckkunkel, wie Carfunckel vor dem Ofenloch. Abr. Narrennest 2, 103. Da muss ein altes Murmel-Thier, eine alte Fegbauben, eine alte Runckunckel herbeykommen. Mala Gall. 4. An aldi Runckunckel, der ihr ganzi Kladung vor Russ in der Klag g'gangen is, kumd m'r entgegen. n. Eip. 1818, 8, 70.
  Dö alten Runkunkeln
  Jezt zimmant sö jung. Stelzb. 3, 74.

Rappes, m., *vinum ex acinorum folliculis aqua mistis et expressis confectum.* Schm. Dass der Rappes oder Berwein nach dem essen getruncken, mehr dann andre wein und bald schlafftruncken macht. Rasch Weinb. 36, a.

Raup, m., *eigentlich einjähriges Stück Rindvieh, dann Taugenichts, Possenreisser.* Malchus, dieser verruchte Raup und Gassen-Schlenckl. Abr. Jud. 2, 354. Judas, der grobe Raup und Lotters-Gesell. l. c. 2, 412. Heisst ihn ein Scurram, ein Rauppen, und gar einen Schliffel und Schweracken. l. c. 2, 257. Du redest grobe Zotten und unverschämte Rauppen-Wort. l. c. 3, 168. Als Mahomet mit anderen Rauppen-Bueben auf dem Felde spielte. Abr. Auf ihr Chr. 1. *Daher* raupisch, adj. Denen schlechten und raupischen Lumpen-Gesind anhängig. Abr. Jud. 1, 364. Rauperei, f., *übermüthige Rede oder Handlung, Büberei.* Da hab ich ein Menge Menschen aufn Stroh liegn sehn, die habn ihre Raupereien triebn. w. Eip. 15, 18. Auf anmahl stosst si in lauter Raupereien der Spielgäst an's Eck von Spieltisch an. n. Eip. 1818, 6, 26. Sie besuchen die Kirchhöfe am Allerseelentag, um Raupereien zu treiben. jst. Eip. 1820, 473. Die Andern wurden immer lustiger, sie hab'n alle möglichen Raupereien trieb'n. H. J. 1844, 4, 4.

*Raptus, m., *plötzlicher Einfall oder Entschluss.* Den ist auf einmal der Raptus kommen, das Schlachtfeld bei Austerlitz anz'schaun. j. Eip. 1806, 7, 24. Jetzt kommt mir auf einmal der Raptus nach Klosterneuburg z'fahren. j. Eip. 1807, 5, 17. Greif g'schwind zu, sonst kriegt er wieder seinen Raptus. W. Theat. R. 75, 47. Wann ihm der Raptus kommt oder der Habemus. H. J. 1859, 41, 18.

Rar (rā'), adj. und adv., *aus dem lat. rarus, ist sehr volksthümlich in so vielen Abstufungen von Bedeutungen, dass sie sich nicht leicht vollständig entwickeln lassen. Im Mhd. W. B. findet es sich noch nicht, mein ältester Beleg stammt aus dem Jahre 1543.*

a) *selten, seltsam, kostbar, jedoch in früheren Jahrhunderten häufiger als jetzt.* Wellicherlai der Zeiten rar ist (1543). Zahn Bannt. 123. Vorhin war bey diesen M. das Beichten so rahr, wie in der Juden-Kuchel der Speck. Abr. Jud. 2, 189. Es ist dieses Wunderwerk gar nicht mehr rar oder seltsam. l. c. 2, 117. In einem mit kostbaren und raren Steinen ausgesetzten Altar. Abr. Etw. 2, 268. Bei einem von rarer Kunst verfertigten Springbronnen. Abr. Merc. 200. Ein gutes frommes Weib ist viel raarer, als der Vogel Phönix ist. Malu Gall. 259. Eine rarere und seltenere Schönheit hab ich an einem anderen Antlitz noch niemahlen erblickt. Chilonida 10. Jenes rare Kleinod des Seraphischen Ordens. Pred. 1707.

Dö Freud'n wärn bei mir weng und rar,
Hätt öfter mögn, es war wie ob so laar. Kartsch 1, 45.
Des g'recht Diendl
Is raar, wier ám Feld
Der vierblaatleti Klee.
          Kob. Schnad. 57.
Und d' Liedeln wern rar,
Und 's Herzerl wird star. Seidl 83.
Mein! sāg ma's, wås 's bedeut'n soll,
Is wohl a rari Kråm. Seidl A. 1, 47.

b) *ordentlich, solid, brav.* Er is Landrath in G. und gar ein rarer Mann. H. J. 1847, 16, 38. Er scheint mir sehr ein weltrarer Mensch zu sein. Mos. V. L. 3, 40. Wir sein so a paar Million Mord rare Männer. l. c. 1, 39. Weils auch a mordrares Weib is. l. c. 5, 26. Du hast mi gern, i bin a rarer Kerl, i thu's. Berla.
'n Sunda nåch'n Ossen
Då kemman ma z'såm,
Dö rarasten Månna
Vo Graosspiesenhåm. Stelzh. 1, 182.
Da Bua, den s'd'da ausg'schaut,
Der is ja recht rar,
I wusst meiner sex nix,
Wås ausz'setz'n war. Kartsch 2, 24.
Es g'fraid mih, dass ih dih kenna lern,
Då kent's nöd viel Rar's. Cast. 204.

c) *gut, vortrefflich, vorzüglich.* Einen grossen Ruhm überkommet ein Buchhändler, wenn er schöne rare auserlesene Bücher führet. Abr. Etw. 3, 79. Sogar d' fremden Herrn habn sich über d' schöne Musik und 's rare Stuck nicht gnug verwundern können. Eip. 31, 12.
Jetzt schmeckt ma koan Elfa, so rar åls er is. Seidl 196.
Wässer is dös rarest hier,
Is ma lieba åls a Krueg Bier. Radl. 1, 79.
Es håbt's a rari Bix,
Die schiesst und trifft auf tausend Schritt. Kob. God. 256.
Wie rar dås Ding zsåmgeht. Linderm. 24.
Da Hoar, der war rar,
Wånn der Klobar nöt war,
Und das Dearnd'l war mein,
Wånn da Weba nöt war. Seidl A. 3, 86.

Er wurd' mein'm dürren Körper recht
wunderrar instehn. Seidl A. 2, 46.
Hiaz bän i koan Bůab'l,
Hinz is's mit mir rar. Seidl A. 1, 9.
d) *sauber, herzig, lieb.* Wir können
einen raren Gespass mit ihm ver-
führen. Abr. Besch. E. 275. Wie
rar träget sie den Mantho, wie die
Zigeunerin ihren alten Kotzen. Abr.
Narrennest 2, 81.
Keine is so brav und sodl rar. Alb. 419.
Wie rund und wie rar sö däs Pǎar Leut
dazue (*zum Tanz*) ånstöllt. Stelzh. Gd.
348.
Wås schaust mi hiatzt so trauri ån,
Du Ertel, sunst so rar? Kalt. 2, 129.
I moan, a treu's Herzerl
Wurd's rare sti sein. Seidl 101.
Der is a
So viel rar,
Voller Zier auf und auf. Schoss. N. 25.
Wǎun der Gamsbock obn auf der Mauer
steht,
Nåchher wird's auf'n Almern rar. l. c. 5.
e) *angenehm, spassig.*
Wann halt der Wein nit war,
War's Leben bei weiten nit so rar. H. J.
1838, 2, 1, 12.
Wånn i a Zauwra war,
Dös war rar. Cast. 76.
Is er nüchtern g'west, so wǎr
Sein' Stimm' recht hell und rar. Seidl
192.
Aften war's auf dar Erd
Zwier in Himmel so rar. Alb. 421.
I mirk und i g'spůr,
I bin nix ohne ihr,
Und sie maint, dås is rar,
Dass's recht viel mit mir war.
Stelzh. 1, 195.
Rår'n, f., von lauter Rår'n, *vortrefflich.*
Da Zoback bringt uns aus'n Behm
A Glås vo lauter Raren. Linderm.
194.
Rarität, f., *Seltenheit, franz.* rarité.
*Rörbrunnen, Rörkasten, Rör-
wasser. *Diese Wörter sind wohl kaum
zusammengesetzt mit dem subst. Röhre,
sondern sind entstanden aus dem verb.*
rëren, *dem Zug der Schwere folgen
lassen, rinnen lassen, besonders von flüs-*
sigen Körpern. Rörbrunnen *ist der
noch jetzt allgemein übliche Ausdruck
für den Auslauf einer Wasserleitung.*
Eisnen puechsen zu ainem Rôrpru n-
nen (1519). Schlag N. F. 3, 57.
Ist der Pach, die Alss, so in die Rôr-
prun gelait worden, gar zerrissen.
Oberl. Finanz. 110. Demnach dass
ein Zeit laug in denen Röhr-Brun-
nen gesperrt gewestc Wasser wieder
zu fliessen angefangen. Hocke 67.
Um den gemeinen Röhr-Brunnen
herum. Abr. Weink. 159. Die Brünne,
forderist die Röhrbrünne sauber
erhalten lassen (1780). Kaltenb. Pant.
1, 144.
Kann man ihn alle Abend sehn
Beim Röhrbrunn bei die Trampeln
stehn. H. J. 1843, 5, 22.
I hab 's Maul aufg'riss'n, wie a Löw auf
ein'n Röhrbrunn. n. Eip. 1818, 1,
52. Hier ist der Röhrbrunn der
Wissenschaft, aus dem ich schöpfe. W.
Theat. R. 6, 6.
Rôrkasten *dasselbe.*
Ein rôrkast z'nechst bey in stet,
Auss dem trefflich gůt wasser geht.
Schmelzl L. 800.
Mit Ross und wagn zum rhôrkasten
Sich fürdern und mit wasser fassen.
l. c. 1220.
Rôrwasser. Dass man ihn unter lauf-
fendes Rôhr-Wasser eine Nacht
lege. Abr. Etw. 2, 648.
*Angströhre, f., *spöttische Bezeichnung
des Cilinderhutes.* Weiss der Schwager,
wie's die alten Hüt heissen? Die
Angströhrn, weil's die Kalabreser
in Angst wegg'worfen und dafür die
verachteten Cilinder herausg'sucht hab'n.
H. J. 1848.
*Rasseln, vrb., *mit Spielen in Verbin-
dung, zechen, schlemmen.* Wann Herrn
und Frawen fluchen und schelten,
spielen und raszlen Tag und Nacht.
Scher. Schr. 2, 524, b. Es werden
viel Christen gefunden, welche diese
Feyrtag zubringen mit spielen und
rasslen. Scher. Post. 82. Man tanzt
eine gantze nacht, spielt, sauffet, rass-
let und prasslet. l. c. 179. Wie

vil besser were ihms, dass er anstatt des spielens und raszlens sich under Tags ein stundt begebe zum gebet. Albert. Hausp. 166, a. Ein Spieler und Rassler, ein Hurer und Ehebrecher. Scher. Schr. 1, 24, a. Du Lotter, du Raszler, du Ehebrecher, du Spieler, du Weinschlauch. Albert. Hausp. 85, a.

\*Rásch, f., *franz.* rage, *Zorn, Wuth.* Alle guten Wienerburger sind völlig in einer Rasch drin. Eip. 6, 46. Si will ihrer Neb'nbuhlerin in der ersten Rasch ein'n Dolch in's Herz stoss'n. n. Eip. 1818, 8, 39. Iss in a solchi Rasch g'kummen, dass s' mid'n Füessen g'strampft had. n. Eip. 1816, 6, 62. Es ist do ein Teuxelsweib, das sich in ihrer Rage gar nit z'ruckhalten kann. H. J. 1836, 2, 3, 52. Mein Bräutigam is darum in die Rasch kumma und is furt. Berla Kathi v. E. 10.

Resch, adj. *und adv., ein, wie im* Mhd. W. B. II, 1, 556 *mit gutem Grund bemerkt ist, sehr „vieldeutiges" Wort, dessen vielerlei Bedeutungen nur durch eine längere Reihe von Beispielen anschaulich gemacht werden können.* a) *rasch, behende, frisch, lebhaft, heftig, scharf, schlimm, auffahrend.* Welher pfart resch und guot ist, senket sein naslöcher tiefer in das wazzer, wenn es trinket. Meg. 136. Gar saubreu degenkindel oder gar frechen röschau maidel. Meg. 183.
  Er eilet resch und drehte
  und kam doch eins zu späte. Beheim 299.
Waz er gucz tun kunt in der sach, Daz er daz tet resch und balt. l. c. 187. Er kam reschlich da hin getrabt. l. c. 160.
Sy schifften, fueren uber sich
So resch, dass es verwundert mich. Schmelzl. L. 192.
Eine schöne Orgel ir da secht,
Manch stymwerk, resch, gùt und gerecht. l. c. 1489.
Die Pherdt triben wir, do der pach resch runne und nit gar uberfrorn was, über.

Herb. Mosc. V. 2. Wann ein Tater auf seinem Ross sitzt, sey dasselb vil rescher lauffend. l. c. N. 3. Wofern die Fraw embsig und fleissig ist und den Ehehalten ihren unfleiss mit ubersehen wil, pflegen sie ihre Frawen für häckel, und resch auszuschreyen. Albert. Hausp. 178, b. Wegen ihrer reschen und ungewaschenen, spitzigen, bösen Mäuler. l. c. 184, b. Ja, faul ist manches Maul, aber fünff-Fingerkraut drauff haut, wird rösch. Abr. Narrennest 2, 47. Sie steigt bald mit ihrer Stimm, bald fället sie; jetzt erschallet sie in eine resche, bald zwingt sie sich in ein zarte. Abr. Huy 149. Mir kommet sie etwas resch für zu E. U. humor. (1708). Arneth Corresp. 59.
Resch von Antritt und Maul. Stelzh. Gd. 273.
  Då fåhr i schen stad auffå,
  En gross'n Rosskopf zua,
  Dabei måg i vaschnauf'n,
  As geht nit resch dö Kuah. Süss 79.
Wasserl — rinnant
Schen resch aussa von See. Kalt. 1, 8. Geht a dahi recht schen, nöt z' resch und nöt z' rueschat. Stelzh. Gd. 328.
  A Räuscherl von Wein,
  Wånn a g'recht is und guet,
  Warmt's Herz Oan a wengerl
  Und måcht a resch's Bluet.
  Wagn. 120.
Thaits a weng resch,
Nöt so maulad und stad. Stelzh. 1, 185.
  An erliger Innviertler bin i,
  G'schmätzö, resch und nöt dumm.
  l. c. 3, 10.
Is ein recht rescher Mann der H. L. H. J. 1851, 30. 46. Sein zwei fesche resche Schottenfelderinnen gangen, solid und anständig. H. J. 1858, 7, 5. Wenn mich die Leut nur nicht so rosch anreden möchten, es geht mir immer durch Mark und Bein. W, Theat. R. 18, 25.
  A klains, a resch's Jagerl,
  Af da Haubn stöckt a Nagerl. Stelzh. 2, 264.

Aber i war, das is klar, damals sehr resch,
A Bua ohne Ruab und fürchterli fesch. W. L.
Du hast a bissl a reschi Stimm, mein Salerl. n. Eip. 1818, 5, 71.
Schnabelresch, adj., *schnell mit der Zunge.* Die Weiber sollen ihre Zaum halten und nicht allzu schnabelräsch seyn. Scher. Post. 495. Wer wollte so behertzt sein, dasz er sich setzen wolte wider die Spitzmeulige und Schnabelresche Weiber. Albert. Hausp. 211, b. b) *was beim Druck nicht nachgibt, sondern kracht, spröde, hart, besonders vom frischgebackenen Brot oder von geschmortem Fleisch.* Das Brod soll resch gepachen, gut gearbeit, zimlich gesaltzen werden. 1540. Halts gegen eynem fewr, das es rösch werde. Schöner D. 2. Eine resch gebratene Spånsau. Abele Unordn. 2, 150. Es gibt ein g'wisse Art resches Brot, das beim Z'sammdrucken ein rechten Lärm macht. H. J. 1833, 12, 8. D' reschen Kipfeln habn grammelt, wies drein bissen habn. H. J. 1837, 1, 1, 34. Hendl, sehr resch und guad aus'n Rindschmalz ausserbach'n. n. Eip. 1817, 10, 56. Resche und letschete Semmeln. H. J. 1843, 22, 7. Dem muesst ma d' Vögerln resch brat'n. W. L.
Da Schissling is resch
Und da Grempen is zach. Stelzh. 3, 66.
A Bengsen a reschi
Is niemal nöt brav. Stelzh. 1, 215.
c) *beim Wein frisch, rein, scharf.* Hüpft oder springt der wein am einschencken, ists ein zeichen, dass er neu, resch und frisch sey. Rasch Weinb. 32, a. Ein eysern Blech ins vass gehenckt, davon wird der wein lauter und resch, l. c. 31, a. Wilstu einen zähen wein resch machen. l. c. 31, a. Wann er ein wenig ruhet, wird hiedurch ein klarer, lauter und rescher wein. l. c. 29, b.
Reschen, f. a) *Raschheit, Entschlossenheit, Rührigkeit, auffahrendes Wesen.* Jehna Reschen is hi und iehn Hiessen is ågkühlt. Stelzh. 1, 98.
A junga Kerl, der vo Frischen raucht,
Wo vo Reschen ålls rauscht. Stelzh. Gd. 304.
Wånns an Ehr håbts ös Leschen,
Nur a Bissel a Reschen,
So richts über uns. Kalt. 1, 128.
b) *Sprödigkeit, Härte, von Sachen, besonders vom Brot und vom gebratenen Fleisch;* c) *im Bergwesen so viel als Stollen oder Schacht.* Die Wasser, so mit Schürffen, Schächten, Stolln und Röschen verschratten werden (1585). Schmidt Bergges. 3, 550. Reschen, vrb., resch machen. Hauptsäcklich, wenn die Bäcker das alte Brot wieder in den Ofen schiessen, heisst das reschen. Ain underzäpfel aus geroeschtem hong und auz salz. Meg. 293. I hån'n ieblmål g'reschnt und afg'frischt. Stelzh. Gd. 382.

**\*Resconto,** m. *Der von dem Lotteristen ausgestellte Zettel über die in die Lotterie gesetzten Nummern.* Ich hab' in d' Lotterie g'setzt und wann ich den Resconto nöt verlorn hab. Mos. V. L. 4, 58. Für die 1 fl. 48 kr. hab ich in d' Lotterie g'setzt, da habn's den Rescouto. Berla.

**\*Rest,** m., *wie hchd. In Wien ist die Redensart sehr häufig,* es ist Rest, *es ist aus, es ist vorbei, es ist geschehen.* Wie's schon mit ihm Rest word'n is, da hab i ihn g'fragt, ob er seinem Sohn nit verziehen hat. Lang. W. V. 2, 32.
Ändern kan i's net, dös Ding, 's is Rest. W. L.
Und dauert die Gaudi, bis da Wirth schreit: 's is Rest. W. L.
's letzte Sechserl war anbracht, Rest war's. W. L.
Du bist mir untreu g'west,
Mit unsrer Lieb ist's Rest. H. J. 1856, 14, 8.
Mit'n Sekiren is es no nit ganz Rest. H. J. 1853, 2, 8. Mit seine Ideen wars wirkli schon Rest. H. J. 1850, 48, 19.
Als Wiener 's erste Platzl
Krieg i, denn sunst is's Rest. W. L.

**Restlein** (Restl), n., *Ueberbleibsel, besonders Abschnitzel von Stoffen.* Wir haben den grössten Theil unsers Vermögens durchgebracht, ob wir das Restel haben oder nicht, ist uns gleich viel. W. Theat. R. 55, 3. Kaum gesagt, hat er mein Restel auch schon hinter sich g'stürzt g'habt. jst. Eip, 1820, 12, 583. Hietzt findt'n sö bei mir ka Restl himmelblauen Taffet. n. Eip. 1816, 3, 25. Bringd an Restl von an anderthalb Olln, wia er no z' Haus g'habt häd. W. Gesellsch. 6, 101. Er sagt, ich stund bei ihm mit verschiedene grössere und kleinere Resteln. Mos. V. L. 2, 15.

*****Restieren**, *sich heftig oder zornig über etwas beklagen, lärmen, poltern, weinend klagen.* Hâd g'sâgt, dass si dös goar nid schickad für a Künichin, dass's so hausad und restirad. W. Gesellsch. 3, 11. Der H. Vetter restird und poldert geg'n mi wie a feuerspeiender Berg. n. Eip. 1819, 1, 58. Recht massiv seind's word'n, und hab'n restird und fulminird. n. Eip. 1816, 1, 70. Nacher war das aber a Restir'n und a Jammern. n. Eip. 1818, 5, 77.

Und so gscheid häbnts da gmeent't,
Und so haochglehrt g'restiert. Wagn. 27.
   In'n Länd is g'restirt worn:
   Was stölln ma denn ân?
   Es is aus! denn d' Franzosen
San z' Ebersberg schon. Kalt. 2, 177.

**Rhtich** (Radi') m., a) *wie hchd. Rettig.* b) *Verweis.* Wånn erm da H. eppa-r a biss'l an'n Radi geb'n wollt. Seidl 268. Der falsche Graf hat schon sein'n Radi kriegt. H. J. 1844, 8, 16. Mancher arrogante Dummkopf hat von mir sein' Radi kriegt. H. J. 1857, 4, 6. Radibub, Radig'schwuf, *Schimpf für einen Menschen ohne Charakter und Ehrgefühl.* Der Fabrikant als „Windbeutel und Radibua" hingestellt. H. J. 1859, 38, 22. Das is der Unterschied zwischen dem Radibub'n und dem Mann der Ehre. H. J. 1859, 9.

Hörst Bluntzenstricker, Radibua. W. L. Sie bleibt glei stehn und messt mi âb, Und sâgt: Radi-G'schwuf, fâhrst âb. W. L,

**Rütscher** (Ridscha'), m., *auch Ridschat*, n., *eigentlich ein Gericht aus Erbsen und Linsen, jetzt viel häufiger in der Bedeutung Gemenge, Gemisch, besonders von Dingen, die nicht zusammengehören, auch Entzweiung.* Ein Ritscher, der in Linsen und Erbes bestehet. Abr. Jud. 3, 462. Ritscher und ein Koch ist mein Magen-Loch. Abele Unordn. 5,10. Ich kondte wol auf die Wirthschaft schauen und sehen, dass unter die Knecht und Mägd kein Ritscher komme. Abr. Jud. 4, 295. Derweil unsri Pferd ihnern Ridscher von Habern und Hackerling g'fress'n hab'n. n. Eip. 1819, 1, 22. Dass aus der ganz'n Nazion a g'mischt's Speisel, a purer Ridscher wird. n. Eip. 1816, 8, 21. Da hat der Herr Vetter d' Schuster- und Schlosserbuben und d' elegante Welt nebn einander sehen können, und da ist ein wahrer Ritscher gewesen. j. Eip. 8, 24. Das Grossstadt-Durcheinander is ein sozialer Ritscher. H. J. 1860, 35, 2. Da wird aus mehreren Büchern etwas z'sammg'stoppelt, wie ein Ritscher unter einand g'mischt, und so was heisst man ein Werk. H. J. 1842, 11, 14.

*****Razza**, *franz.* race, *f. Gattung.* Der Fisch soll von derselbigen Razza sein, die den Jonas g'schluckt hat. j. Eip. 10, 47. Seiner Raza von Windhunden. j. Eip. 34, 29.

*****Rezent**, lat. recens, *adj. und adv., frisch, tüchtig, kräftig, ausgiebig, besonders von Prügeln.* Was gehört auf ein paar Lügen? Ein paar recente Ohrfeigen. Abr. Narrennest 2, 50. Das Leben will ich ihm zwar schencken, aber recent abstraffen lassen. Quot. cap. 143. Werden mit der ungebrenten Aschen von Diendl-Holtz als ein gutes Rezept für ihr unruhiges

Concept recent abgesalbet. l. c. 30. Verdiend aso a lieb's Wuzerl von Weib nid ein'n rezent'n Schilling? n. Eip.

1816, 5, 39. Das is ja a Frechheid, dö ein'n rezenten wohlgemess'nen Schilling verdient. n. Eip. 1815, 6, 21.

## S.

**Si-mon**, Simān, m., Simandl, n., ein Ehemann, der von seinem Weibe abhängig ist und sich von ihr leiten lässt, der Mann, der eine Sie ist, während Sie — Mann ist; es bezeichnet dieses Wort auch die herrschsüchtige Frau. Die erste Spur dieses Wortes finde ich in einem klassischen Beispiel bei Schmelzel, dann hat es sich durch die folgenden Jahrhunderte bis auf die Gegenwart erhalten. In Wien bildeten sich, wie es scheint, erst im vorigen Jahrhunderte, sogenannte Simandlbruderschaften, Gesellschaften heiterer Männer, die alljährlich am Tage Simonis, dem Schutzheiligen der Bruderschaft, zu einem Fest sich versammelten sammt ihren Frauen, denen sie für diesen Tag alle Vorrechte zugestanden, welche sie sonst für sich behielten. Zur Bestreitung der Kosten wurde in die Lade „aufgelegt". Ein verdächtiger Ehemann konnte mit einem sogenannten Simandlbrief beehrt werden, ausgestellt von „Obermeister, Vorsteher und Senioren der uralten, weltberühmten und hochansehnlichen Simandl-Bruderschaft", in welchem die Verdienste hervorgehoben wurden, denen er seine Erhebung zu danken hatte, so wie die Pflichten seines Ordens; manchmal wurden noch Statuten beigefügt, welche die Pflichten des Mannes seinem Weibe gegenüber in übertriebener Weise zusammenstellten. (Sieh die Einleitung von Feifalik zu Weitenfelder's Lobspruch der Weiber, dem übrigens der gleich folgende Beleg aus Schmelzl entging.)

Preutigam. Ich such noch ein, der
  geth mir ab,
Glaub das ich Symon verlorn hab —
Wie khumbts, das er sich nit herschickt?
Thobias. Mit Weiber gescheft ist er
  verstrickt;
Es wol mich dan mein syn betriegn,
Müss er dohaim vors kindlein wiegn.
Preut. Schweigt stil, er kumbt gleich
  yetz doher.
Symon. Möcht leicht, das ich der letzte
  wer.
Preut. Es felt nit vil, wo seit ir plibn?
Symon. Ich hab dohaim das viech aus-
  tribn,
Darzû wardt mir ain kind auffgwacht,
Das hab ich gwiegt und schloffet gmacht.
Petrus. Du hast den namen mit
  der that.
Symon. Wolan es ist nit grosser schadt,
Was hulffs, ob ich gleich Ironimus wer.
Preut. Do setz dich zû den weybern her,
Du fûgst dich nur gar wol zû in.
Ir weiber nembt den Syman hin,
Und wart im nur gar vleissig an,
So lost er euch sein hertz im haus.
Anna. Do setzt euch her zu mir heran,
Ich hab euch lieber dan Colman.
Thobius. Wenn alle menner Symon
  wern,
Das sehen die weiber von hertzn gern;
Soss aber wölln herrman sein,
Schlecht gar offt plitz und hagl ein.
Schmelzl hochzeit Cana Galilee. *Hier ist also der Apostel* Simon *der den Weibern unterthänige Mann, ein Beweis, dass schon im Anfang des 16. Jahrhunderts dieses Wortspiel zwischen* Simon *und* Sie—Mann *bestand*.
Der Breutgam war ain junger Gspan,
Sein Nam der war genandt Siman.
Weitenf. Lobspr. 24.
Wann sie dasselb besuchen wolt,
Siman ir das erlauben solt. l. c. 84 *und noch oft*.
Ein gewisser Ehewirth, dessen Weib Sie-Mann war. Abr. Merc. 212. Es wird auch so weit dem Weib erlaubt, dass sie mit gutem Fug kan ein Simon im Hauss seyn, verstehe sie Mahn, nicht sie Mann. Abr. Jud.

1, 42. *Die Form* Simandl *ist schon sehr alt.* Darauf sagte K.: mein Symandl, loss den fuess Ruen, sy konnen unns nit uberfallen, sein doch die Raysigen all darvon (1525). Archiv 17, 44. Zwoi Minuten stell'ns jetzt ein' Ehmann vor und sein schon Simandl, Sie hab'n eine gross-artige Anlag. W. Theat. R. 79, 20. Da wohnt der Simmerl, aber kein Simandl! denn dieser Name gilt den Habnreihen, den Ehekrüppeln, den fügsamen Männern mit schlimmen Weibern. Silberstein. Herr der Herrschaft K., auch jubilirter Vorsteher der Simonilad. Hafn. 2, 11. Die Regeln von der Simandelbruderschaft werden jetzt öffentlich in Druck verkauft. w. Eip. 21, 17. Mein Vetter aus der Stadt, wo die Simandelbruderschaft ihren Ursprung hat. W. Theat. R. 68, 5. Sogar in Privathäusern hats Simandltafeln gebn. j. Eip. 1, 12.

\*Suckel, n., *weibliches Kleidungsstück, scheint eine Art Ueberwurf gewesen zu sein.* Ain lemereins Sukel und ainen fuchsein pelcz (1413). Schlag. N. F. 3, 335. Legirt der E. H. ein wollcins, heseins und fuchseins Sukl (1427). l. c. 8, 310.

\*Sedern (sèdà'n), vrb., *von regnerisch trüber, unbeständiger Witterung, fein regnen, auch* umsèdern. Heunt sedert's 'n gänz'n Tåg um. W.

Suff, *wie* Schm. *Dazu* B'suf, m., *ein Mensch, der viel trinkt, ein Säufer, ebenso* Süfling *und* Süfgug'n.

Und hat der Mann, so lang er g'lebt,
Bewährt sein'n guten Ruf,
So ist er jetzt a Vagabund,
A Schwärmer und a B'suf. W. L.

Wer a rechter Siffling war, der had sein Remisori tüchti hab'n kinnen, denn d' Wein war'n alli unvergleichli. n. Eip. 1814, 12, 57.

Süffig, adj., *was angenehm zu trinken ist, nur von geistigen Getränken.* So angenehm süffig wie ein echter Schampanier. H. J. 1840, 8, 8. Das is ein Wein, so süffig, dass man narrisch werden könnt. H. J. 1860, 52, 7. Da hab'n m'r heund frisches Bier eingelegter g'kriegt, dös muess mein Herr in Plüzer abzieg'n und süffi machen. n. Eip. 1819, 6, 10.

Häm an siffinga Wein, häm a Watz
und a Trad,
Häm a Wald'l zun Jåg'n. Sengschmitt.

\*Absegeln, vrb., *sehr verbreiteter Ausdruck für* sterben. Als ein glückseliges Absegeln von dieser Welt. Abr. St. u. E. 32. Wenn der Alte nicht bald absegelt, so geh ich aus dem Hause, denn ausser seinem Tode kann sie nicht zur Tilgung ihrer Schulden gelangen. Hafn. 3, 261. Der Kranke darf desswegen just nicht sterben, muss er aber durchaus absegeln, so ist er reisfertig. n. Eip. 1813, 10, 29. Sie hat d' Lungensucht, und wie der Herbstwind kummt, wird's absegeln. H. J. 1834, 26, 39.

Sekieren, vrb. (*ital.* seccare, seccatura), *plagen, quälen, foppen, necken.* Weil der brave Feuerwerkskünstler durch d' Wetterhexen schon oft sekirt worden ist. j. Eip. 1810, 10, 11.

D' Liab in da Waid
Is a hoamlichi Fraid,
In der Nåchbarschäft liab'n,
Is a-n-ewig's segia'n. W.

Auch lass ich von der Zeit mich nicht sekiren,
Und wann die Zeit mich druckt, so gib i nach. W. L.

*Davon* Sekant, adj. Das is ein sekanter Mensch, er glaubt, die Leut sind nur seinetwegen auf der Welt, dass er sie mit Füssen treten kann. Raimund 1, 213. Sekatur f. Sekirerei, f. Dass die Hund in vielen Häusern für die Partheien eine wahre Secatur sein. H. J. 1849, 3, 7. Einmal bin i ein Menschenfreund, und glei drauf wieder eine Sekatur der Menschheit. H. J. 1840, 24, 9. Aber hat man denn nit a Viertelstund Ruh! Nimmt denn die Sekatur gar kein End! W. Theat. R. 12, 35. Kommen die Geister der Sekatur und Verdriesslichkeit über mich und wollen mich niederpracken. W. Theat. R. 6, 6. Wenn er seiner **Haussekatur** etwas sagt. Hopp L. Polkw. 20. Is das Madl so, wie Sie glauben, dann werden Sie's mit Ihrer **Sekirerei** nit bessern. H. J. 1859, 7.

\***Salwein**, *derjenige Wein im Fasse, welcher am nächsten auf den Grundhefen (G'leger) liegt und daher schon trüb fliesst, von* **sal**, *adj., unrein, schmutzig.*

\***Salettel**, n., *kleines Gebäude mit nur einem Gemach, Gartenhaus, ist wohl aus* **Saal** *entstanden.* Drauf seins alli in's Lusthaus auffig'gangen, da warn schun in'n **Saletteln** für sö Tafeln g'deckt. n. Eip. 1815, 2, 59. Th. I möcht bitten, Hausherr, um'n Schlüssel vom Gartenhaus. Sch. Wozu denn? Th. I will das **Salettl** morgen weissigen. Lang. W. V. 2, 43.

\***Solo** a) *allein*. Wie d' Opera aus war, hat ein elegante Schönheit, die **Solo** in einer Losche gsessen is, laut zu zischen ang'fangen. j. Eip. 1813, 1, 17. Wenns' wo auf ein Ball ist, so isst sie ihre zwölf Becherl G'frornes **solo** weg. Eip. 4, 44. b) *ausgesucht*. Fünf solchene **Solo** Maschanzger um ein Groschen, no dös könnt mir schon g'falln. H. J. 1838, 1, 3, 45. *Besonders häufig in der Redensart* **solo fangen**, *fest packen, gefangennehmen*. Der ist in d' Allee g'sprungen und hat den wilden Ochsen bein Hörnln **solo** g'fangen. j. Eip. 6, 7. Wer ein Wildsau mit'n Arm fangen kann, der könnt ja auch ein par Franzosen **solo** wegfangen. Eip. 29, 19. So wird glei jeder von seine Bekannten, wies' kummen, **Solo** g'fangt. H. J. 1838, 2, 3, 15.
Der Rauber is **solo** g'fangt,
Die Wachter hab'n ihn schon. W. Theat. R. 79, 44.

\***Versilbern**, vrb., *etwas zu Geld machen, verkaufen; jetzt hauptsächlich von Holz und Bier gebraucht*. Wellen dass du dieselben unser Wein **versilbrest** und zu gellt bringest. Chmel mon. habs. 1, 2, 823. Wein im Land zu **versilbern**. Landg. O. 1559. Die Güter **versilbern** und das Gelt auss dem Landt practiciren. Erhard Widert. 8, b. Da mögen Geyfleischhacker und Geybäcken ihr Fleisch und Brod **versilbern**. Kaltenb. Pant. 1, 491. Dass der — zu Bezahlung der gemachten Schulden seine Cleinodien **versilbern** müsse (1683). Archiv 4, 280. Ist gar nicht rathsam, das schöne Getrayd so schlecht zu **versilbern**. Abr. Etw. 2, 404. Führte den Ochsen auf den Marckt und **versilbert** ihn einem Fleischhacker. Abr. Huy 164. Wann die müssige Leuth die kostbare Zeit offt so wohlfeil **versilbern**. Abr. Todt. Brud. 14. Dass man den noch vorhandenen un**versilberten** Vorrath an Karten wisse. Cod. Au. 1, 111. *Daher* **Versilberer**, m., *Verkäufer, jetzt mir nur als* **Bierversilberer** *und* **Holzversilberer** *bekannt*. Ist in den Haubt-Städten ein **Versilberer** des gesigelten Papiers verordnet. Cod. Au. 2, 122. Es soll kein Holz**versilberer** fromde Bauholz-Sorten unter seines Holz-Handlers Hütten tragen lassen. Cod. Au. 1, 157.

\***Selpert** *und* **Selperter**, m., *in Oberösterreich die saure dicke Milch, wie sie im Sommer wird, wenn man sie längere Zeit an einem kühlen Orte stehen lässt.* Pop.

**Salsen** *und* **Salzen**, f., *Saft aus Beeren oder Früchten zur Dicke eines Syrups eingekocht*. Wenn man cinamomum pulvert und ez an **salsen** stat gibt mit czzen, sö machet ez lustig. Meg. 362. II klain kandl und IIII zyneine **salsen** Schüssel (1413). Schlag. N. F. 3, 335. Auff ein Wülffenen braten gehert ein bündene **salsen**. Rasch Gegenpr. C. Man kann auch dieses Pulver in Kittensaft, Attig- und Holder-**Saltzen** nehmen. Cod. Au. 1, 545. Alle Morgen von Cronabet-**Saltzen** ein halben Löffel voll nehmen. l. c. 1, 544. I hab mir

a **Hollersalsen** hol'n lassen, um das widerwärtige Zeugs gar ausser-z'schwitzen. H. J. 1836, 1, 3, 17.
 Wånn ma oanmål na herat,
 Dass d' Nandel oan'n mecht.
 Nan! der Sålsen der kloan'n
 Is koan oanziger recht. Kalt. 1, 73.
\*Salter, m., *der Psalter.* Das man mir den salter lesen sol meiner sel ze hilfe und ze trost (1346). Zeibig Urk. 1, 310.
Salveni (⌣ – ⌣), salvá veniá, *mit Erlaubniss, mit Gunst.* Wann er do nid ausswaich'n kann, und i groess'n; so speibt er allzeid mit salveni vor mir aus. n. Eip. 1816, 11, 9.
Vazeig'n s' — salveni — ih moan' nur a so. Seidl 222.
 Hüets enk Leut, hüets enk,
 Da Toifel is lötz,
 Åm Endt håbts stått da Seeln
 An — (salveni) in Nötz. Stelzh. Gd. 28.
Salvêt, n., *ital.* salvietta, *die Serviette.* So trug sein Chur. G. solch Handbecken und Salvetlein hinauff. Beschr. Max. F. 4. Die Tisch-Salvet waren so sauber, dass man noch etliche Untzen Sponnat und Haberprein darinn gefunden. Abr. Etwas 1, 625. Sitzt schun bein'n Tisch und nimmt 's Salved vor. n. Eip. 1814, 12, 36. D' Salveder war'n a weiss. n. Eip. 1817, 10, 32. I bin vor Menge Menschen wie in einer Salveterpress. H. J. 1834, 26, 15.
 A Schwingvoll Kellna
 Laffn gråd aus,
 Unta da Jaxn håms d' Salveda.
 A. W. Gcd. 4.
\*Samsing (von sam, *wie, als, als ob), dem Scheine nach, gleichsam.* Da reicht Steffel håt beedi Händ' in d' Sack g'steckt; mit dö Zwoanz'ga g'scheppert, dabei 'm Knecht auf d' lari Fläsch'n deut't und a samsing thån, åls wånn a von da gånz'n Histori nix mirkat. Seidl 266.
Und wånn ib dös denk', und so recht beträcht,
Wie-r Ållas a samsing an'n Trost Oan'm måcht. Seidl 154.

\*Suminieren, vrb., *nachsinnen, in Gedanken vertieft sein.*
 Då is dös raichi Wai'
 Vor Fraid fåst narrisch woar'n,
 Und suminiard håld nåch
 Und kråtzt si hinta'n Ohrn. Cast. 173.
 Er suminiard dö längsti Zaid,
 Wia er 'n von Håls bringt g'schaid.
 Cast. 44.
Und wia-r a so hin und her g'suminiard håd, fällt eam ain. Ziska M. 32. Suminiard so hin und her, wia-r ar's denn ånstöll'n soll. l. c. 12.
Sumper *wie* Schm. Simperl, n., *und* Bachsimperl, *ein einfältiger, unbeholfener Mensch.* Das ganze Ding ist so ein Simperl, wie ich selber bin. j. Eip. 1807, 6. 8. Der H. Schwager wird glauben, i bin dag'standen wie a Bachsimperl und hab nix z'reden g'wusst. H. J. 1832, 3, 17.
Man glaubt 's hat ihm d' Reis den Verstand heraustrieb'n,
Derweil is er 's vorige Bachsimperl blieb'n. W. L.
Kinderreim: Main Våda-r- is a-n ålda Mån,
 Simpa'l måcha kån a schon,
 Er ronnd's Gassa'l auf und å',
 Kafft's ma maini Simpa'l å. W.
\*Sinnieren, vrb., *nachsinnen, nachdenken.*
Fortaus sinirn und raiten mächt mar'n Kopf z' dick. Stelzh. Gd. 356.
 So sinnir i und tram i
 Jebl z' lengast dahi. Stelzh. 1, 16.
 So lång d' Leut recht brav låchan,
 Sinnirn s' auf nix Schlechts. Kalt. 1, 141.
 A soda sinnir i und roath i oft drån,
 Hån kein Freud und kein Load. Schoss. N. 14.
An' Gamsbock sein Unglück is oft,
Dass er går gern sinnirt,
Dass er går so viel hofft. Kob. Schnad. 64.
\*Sundel, Sündl, Sondl, *auch* Spündl, n., *spitziges Werkzeug zum Stechen und Schneiden.* Was kurtzer haimlicher weer, als Tolich, stecherl, Phriemb, Sündl und dergleichen sein (1512). Kalt. Pant. 1, 267. Ob ainer

haimblich ein Sondl ausszug, und hat im willen damit zu stechen (um 1550). l. c. 2, 312. Die stecherl, die sie vor auf den gürtln tragen, oder ein Taschen Messer oder Pfriem, Sündel (17. Jahrh.). l. c. 1, 415. Verboten sundl oder Pfriemb, gespitzt Zweckh oder Al in der Taschen oder auf der Taschen oder in den gürtln under dem Preiss in den Ermbln. l. c. 1, 484. und noch oft. Soll dragen ain abgebrochen Sündel oder Waaffen, damit er ain brott schneiden mag. Zahn Bannt. 140.

*Senkel, m. (a. Spr.), *eine Vorrichtung zum Fischen.* Es soll kain vischer sein sennkl setzen, wo ain Segner gerekhen mag. Kaltenb. Pant. 1, 312. Es soll kain Reuscher seinen senckhl setzen, wo ainer mit ainer seg gerecken mag. l. c. 1, 316. Es soll kain Rewaner kain sennkl setzen in kain segen grunt, noch kain rechel darin slaben, das es dem grunt schad sey (1469). Zahn Bannt. 128.

*Senkel, m., *eine grosse herabhängende Geschwulst, die sich also herabsenkt.*
An Sengel af'n Hirn
Hån i ållweil schier g'håbt,
Bein'n Fåll'n bin i illmål
Af's Hirn nida' dåppt. Jahrb. 1, 154.

*Sunkeln, vrb., *einen Brandgeruck haben.*
Bål thuet wås (*von den Speisen*) brandln, båll wås sunggeln. Jahrb. 1, 254.

*Supferlein, n., *Schlüpfchen, von supfen, supfeln, schlürfen.* Dann sie ihnen das Bisslein Brots und das klein Supferlein Weins thewer bezahlen lassen. Scher. Schr. 1, 118, b.

*Scrafbeis, n., *in der gemeinsten Wienersprache Wirthshaus, Kneipe, Branntweinhaus.* Dass 's z' Haus was z' lesen hat, wann er auf d' Nacht im Serafbeis sitzt. H. J. 1843, 1, 10. So geht's von die Schacher- und Serafbeis aufwärts bis zu den Champaniergelagen. H. J. 1848. Thema's, vor denen die Brennabi-Brüdeln im Serafbeis sich scheniren würden. H. J. 1858, 29, 9. Für die Lumpen, die um eins, zwei aus'n Kaffeehäusern und Seraph-Beiseln taumeln, wird die Stadt kein Licht brennen. H. J. 1854, 52, 10.

*Geserres, n., *aus dem Jüdischen in die gemeinste Umgangssprache übergegangene Bezeichnung für Lärmen, Streit, Aufsehen.* B'sonders hat sich ein junger jüdischer Doctor durch Witz und Geserres hervorgethan. H. J. 1856, 7, 21. Die Börslent sein gescheidt und glauben nit an das Geserres von die Soldaten. H. J. 1850, 48, 2. Ei, mach kein Geseres, du wirst doch nicht glauben, dass ich mich fürchte. W. Theat. R. 6, 39.
Mein Weib fangt z' brumma an und z' keppeln,
Dass An'n 's Hörn und Seg'n vageht, so macht's a G'serras. W. L.

Sürfeln, sürpfeln (sia f·ln), vrb. a) *mit wenig geöffnetem Munde Flüssiges in sich ziehen, langsam prüfend trinken.* Aus so viel tausend seynd nur drey hundert gefunden worden, die das Wasser aus den Händen sirffleten. Abr. Kram-Lad. 1, 190. Gideon soll in acht nehmen diejenige, so nur die Hand in das Wasser werden stossen, und also aus der Hand sürpflen. Abr. Jud. 4, 89. Er kost't, hat aber das gewöhnliche Sürfeln und Schnalzen gar nit z' machen braucht. H. J. 1845, 14, 5.
Tunkt's Mal in's Bier ein, sürfelt drän. Seidl 153.
Ån dö Ruda näscht s' Wasserl
Und sürfelt im Still'n. Seidl 42.
Das Glasl hat er also ausgesürfelt. w. Eip. 14, 9. Er hat sein Rüssel in d' Suppenschaln hineingsteckt, und hat d' Nudeln herausg'sürfelt. w. Eip. 16, 10. Da wünscht ich nur immer, dass ich d' eleganten Tobacksürfler dorthin schicken därft, wo s' hin ghörn. j. Eip. 1807, 3, 30. b) *beim Reden mit der Zunge anstossen, lispeln.* Wie's da lispeln und sürfeln. H. J. 1845, 13, 17. c) *so gehen, dass man nur mit dem Vordertheil der Sohle den Boden streift.* Da sürfl i bald vor lauter Mattigkeit

an'n Steck'n in'n Garten. n. Eip. 1819,
4, 8. M'r hörd nix als süerfl'n
mid'n Füess'n. n. Eip. 1818, 12, 43.
Dö tred'n kein'n Waas'n z'sam, denn
sie hab'n kein'n so schwer'n sürfled'n
Auftrid. n. Eip. 1818, 5, 57. Hietzt
bin i bald 'n ganz'n Tag wieder an'n
Stock ummerg'sürflt. n. Eip. 1819,
4, 14. Damit er si' mid'n Pantofeln
bein z'rucksürfeln nid verhaspelt.
n. Eip. 1819, 3, 56.

*Surm, m., *Menge, Ueberfluss, grosse
Masse.* Wanns etwa mit unserm Lie-
serl auf ein Surm Geld abg'sehn
wär. H. J. 1838, 2, 1, 56. Dä
häd ihr d' Frau a'n gänz'n Sua'm
Woll brächt und häd ihr a Zeit
b'stimd, wänn s' damid fia'ti' sai" muas.
W. Wer weiss, ob er diesen Surm
Vermögen nöt g'stoblen hat. Mos.
V. L. 3, 24. Fängen an eam an
z'rib'ln und raib'n eam so an'n Suarm
Sonff ain. Zirka M. 17.
Ih häb au'm Tisch an'n Surm zum Bieg'n.
Seidl 188.
    Du lieber armer Stefansthurm,
    Wie hat gebeutelt dich der Sturm,
    Franzos und Türk hat dich verdurb'n,
    Du kostest schon ein schönen Surm.
    H. J. 1859, 48, 12.
I wär bald g'fressen worn,
Wenn nöd a ganzer Surm
G'ruft hätt, der kriegt Pardon. W. L.

*Gesause, Gesäuse (G'säis), n.,
*Rauschen, Sausen, Getöse, Lärm.* Als-
bald sie das geseuss derselben (*der
Hunnen*) vername, warff sie sich hinab
in das wasser. Hung. Chr. 10, a. Wo
die Felsenriff unerbittlicher Gläubiger
rund umestehn, ein eselhaftes G'säus
machen. W. Theat. R. 12, 2. Das
wär weiter kein G'seiss, wann ich
um eine Stund später daherleiret. n.
Eip. 1813, 11, 20. Der Lärm von
der Frau Mahm, was die für ein
G'seiss g'macht hat. H. J. 1832,
2, 21. Weil da Steffel a Plärament
und a G'säus in gänz'n Ort mächat.
Seidl 269.
A G'sausat und G'säus
Hän i g'mächt aus dn Weis. Stelzh. 2, 70.

D' Waldvögel machen a G'säus. W. L.
Nu hän i dös G'säus
Und den Höll-Lärm in mir. Kalt. 2, 107.
Hät da Wäld glei sei' G'säus,
Wo kai' Luft'l nöd geht. Mayr 63.
Und a Zusrut und G'säus
Häm da d' Blüemel vobrächt. Stelzh. 2, 2.
Recht lustig is dös Fähn,
Is überäll a G'säus. Süss 138.

*Süssling (Siassling), m. a) *Meth*,
b) *Honig*, c) *Kaffeh, im Wiener Jenisch.*
Friert's di im Mag'n (*bist hungrig*),
hast no kein Süssling trunken?
H. J. 1841, 4, 60.
Und au'm Süssling — bitt i — thuats
ma nöt vergessen,
Sunst könnte Alles, was da steht, allani
essen. W. L.

Sester, m., *modius, Metzen.* Das Him-
melreich ist gleich einem Sauerteig,
den ein Weib nahm, und verbarg un-
ter drei Sester Mehl. Mala Gall. 141.

*Satzen, vrb., *Sätze machen beim Laufen,
laufen, eilen.* Dä is denan dä Schiach
ängänga, sé san hoam g'satzt, wäs
s' kina häm. W. Ummersätz'n
*über einen Graben.* W.
So bei Satzen, so rebi,
So rögelsäm nu. Kalt. 3, 208.

*Sozius, m., *ein Schimpf, Hallunke,
Spitzbube, Grobian.* Der Bär, gleich
wie er von Natur ein grober Socius,
also wuste er allda auch kein Höflich-
keit zu gebrauchen. Talmuth 51.
Kunte ich dann nicht als ein junger
Socius sterben? Hafn. 2, 3. Sü
impertinenter Sozius, was röd'n sö
da? n. Eip. 1815, 12, 48. Na, sagts',
vor so ein'n saubern Sozius bedancked
i mi zuu Ebkachl. n. Eip. 1816, 2, 80.
Mir scheint, er will mich foppen, er
numerirter Sozius. W. Theat. R.
37, 17. Neuli war in ein'm Wirths-
haus mit so ein'm Sozius von ein'm
Wirth ein rechts Specktakl. H. J.
1838, 11, 43. Wanns dem groben
Sozius einfallt, so doppelt er auf
dein Buckel. H. J. 1836, 4, 1, 29.

Sutzel (Söz'l), m., *das, woran man
saugt, Saugbeutel für Kinder, Tabak-
pfeife.* Weilen sie den Wein schon

fast in der Wiegen wie den Sutzl gewohnt seyn. Abr. Laub. 3, 157. Da kommen s' mir just so vor, wie d' klein Kinder, die den ganzen Tag den Sutzel im Maul hab'n. Eip. 11, 26. 's Maul hat er g'spitzt, wie ein kleiner Bub, wenn man ihm den Suzl hinhalt. H. J. 1838, 2, 2, 54. Schon in da Wiag'n bad'r da Diarn a Watschn gebn, wann eam da Suzl nid gross gnua woar. W. Gesellsch. 6, 98.

In's Gastl bin i gånga,
Na wuzl, wuzl,
Is ma d' Pfoad aussaghånga
An långa Suzl. Wagn. 111.

Ein Jed's, das bei der Zeit a bissl nur kann,
Das g'wöhnt sich mit G'walt das Tabakrauchen an;
So hat oft a zwölfjährig's Büberl nöt faul,
's Schulbuch unterm Arm, aber 'n Sutzl in Maul. W. L.

Es wird ja immer årger mit'n Tobakrauchen, sogar wenn s' spazirn fahrn oder reiten, habn a' den Tobaksutzel im Maul. Eip. 26, 42.

**Sutzeln** (sūz'ln), *saugen*. Wie man die hungrigen Kinder mit einem Finger, den man ihnen anstatt des Kochs zu sutzeln gibt, bisweilen stillet. Scher. Schr. 1, 139, b. Die Secten saugen und sutzlen lauter Gifft der Uneinigkeit daraus. l. c. 2, 129, b. Dem sutzlen und saugen sie das Blut auss iren Hertzen. Leop. Pred. 54. Und an Jede (*Fliege*) ist sutzelt und lutzelt und höckt. Stelzh. Gd. 15.

Beim Empfang im grossen Saal
Reich ich meinem Herrn Gemal
Nur das Fingerspitzel dann,
Dass er daran zuzeln kann. W. Theat. R. 71, 28.

Wånn i s' so siach, a Bain
Mechd i då ålmåhl sain,
Hinfliag'n und sutzeln dråu. Cast. 127. Aus mein'n Fingern håd i das alles unmögli suzeln kinnen. n. Eip. 1814, 10, 12. Ordentliches Mitglied von dem Cigarren suzelnden Bandel. Laug. W. V. 1, 38. Compos. Der sogar noch den Stoppel absutzelt. Mos. V. L. 5, 54. Dass die Bubn die Kartharrzeltln absuzeln und dann wieder sauber einmachen. H. J. 1838, 2, 2, 11. Als wann ibr d' Måus d' Haar abg'suzld håd'n. n. Eip. 1816, 1, 59. Da er sein eigenes Blut aussutzlet, damit er das Kleid nicht bemaillige. Abr. Etw. 1, 492. Der hat die Pomeranzen ausg'sutzelt. Das ausgesutzelte Fleisch. H. J. 1860, 45, 8. Du ausgsuzelter lebzeltener Reiter. Schmierl. W. Fiak. Ma kånn's nid glai aus'n Fingan aussasuzln. Firm. 12, 771. Der Engländer suzelt was ausser (*beim Reden*), als wann er d' Angina hätt. H. J. 1835, 1, 2, 30.

**Sutzler** (Sûzler), m. a) *Sutzel*. Er dient den jungen Kindern und macht ihnen Sutzler in der Wiegen. Abr. Etw. 1, 561.

Dö wissent von Alln,
Und sö håbnt mi schon kennt,
Wie i in'n Kiderl nu bi
Mit'n Suzler umg'rennt. Kalt. 1, 36.

b) *derjenige, welcher sutzelt*. Du dårfst was reden, du Oarbesutzler (*Geizhals*). Mos. V. L. 7, 34. Sö, sag i zu den Rauchensuzler, habens ihnen etwann den Bart verbrennt? H. J. 1832, 5, 50. I hab beim Kosten wie die rechten Weinsuzler das Maul nach allen Seiten verzogen. H. J. 1836, 4, 2, 31.

**Schebern**, schepperm (schèba'n), vrb., *einen Klang von sich geben, wie zerbrochenes Geschirr, rasseln; ein sehr gebräuchliches Wort mit vielen Abstufungen der Bedeutung, für das ich jedoch keine Belege habe, die über das siebzehnte Jahrhundert zurückgehen.* Die Zähne schebern, *wenn man jemanden stark beim Kopf schüttelt, auch vor Kälte*, die Kerne in den Aepfeln schebern, man klopft auf die Brust, dass es schebert, die Knochen schebern, *wenn man sehr müde ist*, man schebert mit gespornten Stiefeln, die Knie schebern *einem vor Angst*, ein Klavier, das Pedal einer Orgel schebert, *wenn man es stark tritt,* ein Schubkarren, ein schwerer Wagen schebert *auf dem Pflaster,* die Räder schebern, die Scherben eines zerbrochenen Glases oder Fensters schebern, ein Schlittenpferd schebert, man schebert vor Kälte, mit dem Geld in der Tasche, man schebert vor Magerkeit, der Schlüssel schebert am Schloss, die Fenster schebern *beim Sturm,* man schebert mit dem Säbel auf der Erde, die Stimme schebert, man schebert mit der Stimme. *Daher* eine g'schèbrete Stimme, ein geschèbretes Gelächter. Schöbern, f., *Weibsperson mit rasselnder Stimme. Nur einige Belege:* Herr, seynd wir doch dein Geschirr, und wann du an uns schlaegest, wollen wir nit scheppern, sonder einen guten Klang geben. Abr. Jud. 2, 453. Dass einer vor lauter Prasslen und Scheppern sein aigenes Wort nicht verstanden. Abr. Auf ihr Chr. 50. Der alte Hafen scheppert. Abr. Laub. 1, 402. Nicht also scheppern und kleppern die Rätschen. l. c. 2, 19. Wann der Mensch durch vieles Plaudern immerzu schoepert. Abr. Huy 154. Ob sie schon mit Schellon versehen seynd, so klingen sie gleichwol nicht, dass sie etwann ein verdrüssliches Scheppern verursachten. Quot. capita Vorrede 5. Wia 's Nacht woa'n is, häd bai'n Fenster a Niglö ä'bumpa'd und recht g'schèba'd mit da' Köd'n. W. Da had bei ein'n jeden Draher, den m'r g'macht had, was drin'n g'schäberd, als wann m'r ein'n Sand drin'n umlared. n. Eip. 1818, 7, 5. Was nutzt die Kunst, wann die Stimm scheppert, wie ein zersprungener Topf. H. J. 1836, 3, 2, 30.

Und wann's bei ein Madel brennt,
Nachher scheppern's mit die Zähnd. W. L.

Wie schebert nöt 's Uhrghäng,
Wie klingan nöt d' Knöpf. Stelzh. Ged. 12.

Dnetta 's Kellnamensch kimmt,
Wai mitn Krueg schebern thue. Stelzh. 2, 48.

Glei hern se's, wännst umthuest
Und scheberst mit'n Geld. Kalt. 1, 169.

Zwoa kuaschwärzi Rössa,
A schebarnda Wåg'n,
Das is ja mein Buabarl,
I kenn a in Fåh'n. Vogl. 6.

Die meisten hab'n für die Hauptsache den Schleppsabl angschaut, mit dem sie gravitätisch daherg'scheppert sein. H. J. 1849, 1, 1. Da scheppern s' mitn Geld und mitn Glasln von Gfrornen so auf der Tazen herum. j. Eip. 19, 39.

Gescheber (G'schèbà), n., *Klang wie vom zerbrochenen Geschirr, Getöss.* Das macht aufn Pflaster ein Gschepper, als wenn ein Bauernwagen daher rottelte. Eip. 22, 80. Auf oanmåhl hör' ih a Gschepper und a G'rumpl. Seidl 262.

Schèbrat, adj., *rasselnd, klirrend.*

Dö Mötten hiatzunder,
Frei winni san s' wor'n;
Aus'n Lärm hert ma nix
Als dö schebredcn Sporn. Kalt. 2, 156.

Weil a Drägina
Is mit 'n — schebraten Säbel in da Seiten. Stelzh. 1, 99.

*Daher* G'schèbrat, n.
Und a G'scheberat is
Nu viel örger wier eh. Kalt. 2, 156.

Schèberei, f., *wie* Gescheber. Dös hat ein Röllerl am Hals, wo ein'm völli der Kopf weh thut, wenn man die Scheperei den ganzen Abend anhörn muss. H. J. 1838, 2, 1, 29. Auf amahl g'schicht a Schäbrerei und a Geklingel von'n Gläsern. n. Eip. 1817, 3, 22.

Drin hert ma bäl, es wird nöt läng daurn,
Mit'n Geld a Scheberei. Kalt. 2, 160.

**Schübel** (Schib'l), m. a) *Büschel, Haufen, Menge.* Man lieset nirgendt, dass Christus ein Schüppel oder Schar mit einander genommen und absolviert hette. Scher. Post. 393. Der Jud — reisst damit dem Christen ein ziemliches Schüppel Haar aus. Abr. Jud.

4, 424. 30 Stroh-Schüppel. Abr.
Jud. 2, 170. Ein zerritteter Schüppel-Hanff, woraus der Seiler einen Strick macht. Abr. Jud. 4, 346. Muasst in dem Stal ligen auf an Schüppel Heu. Weinh. W. 400.
A Schüppel Engel, a ganze Schar
Fliegt ums z' allen Seiten. Weinh. W. 419.
Sie fahren sich in die Haar, nehmen ein rechten Schibl, so viel s' in ihre Meilenzeiger hineinbringen. H. J. 1847, 4, 25. Ein Schibl Gras, Grünzeug, Zuspeis, Wolle, Banknoten, Käufer u. s. w.
Aft sein Häar afn Kopf —
Azwänn draf'sass a Räb —
Wärt i glaub, dass i går
Nu a Schüberl wo häb. Stelzh. 2, 271.

b) *eine grössere Menge oder Anzahl, absolut ohne nähere Bestimmung.*
Då brait Wirths-Dirn
Hät 'n aus'n Schübl auszogn.
A. W. Ged. 21.
Is a gånza Schübl, dass i s' kam zähln möcht. Seidl A. 3, 54.
*Daher* schib'lweis, *haufenweise*. Da haben sie 's schibelweis eing'lassen. n. Eip. 1815, 8, 5.

c) *Schopf Haare.* Da g'schiehts freili öfters, dass i ein'n mit der einen Hand streicheln thu, während i ihm mit der andern schon beim Schibl pack. H. J. 1845, 6, 14.
Den nimm i glei beim Schippel,
Der no' mal als Talkentippel
So wia der da 's Bier umschütt. W. L.
Zährt's d' alten Zeiten
Beim Schippl daher. W. L.
*Daher* schib'ln, vrb., *bei den Haaren reissen*, Schibler, m., *das Reissen bei den Haaren*. Beutelt den Lehrjung kein G'sell, so schüppelt ihn sicher der Meister. H. J. 1855, 12, 17. I kunnt mi vor Zorn selber schippeln. W. L.
Wänn's kan Schånd war, er schüblet Sie selber 'n Schopf. Kalt. 3, 30.
Na, dem kleinen Schüppl kann ein kleiner Schüppler nit schaden. H. J. 1858, 23, 17. Auf das hat der Wirth den Kellner ein klein Kopfschippler gebn. j. Eip. 1809, 4, 33.

d) Schib·l, *Schimpf*, *besonders für alte Leute*. Ach, wenn nur der Herr Vetter nicht auch mein Liebhaber sein wollte. Was? der alte Schippel? Hopp Hutm. 44. Wissens, ich bin ein alter Schübel, hab a jung's Weib. W. Theat. R. 68, 4. Ihr rother Schibl — dös is der Herr Gemahl — håts' g'sagt, hat keine Zeit. H. J. 1840, 4, 52. Warts nur, ös reich'n Schibl'n, es wird schun auf eng a no kummen. n. Eip. 1817, 5, 62. Lugenschibl, m., *Lügner*. Was du verfluchter Lug'nschibl! Du mir a Wad'schen g'geben? n. Eip. 1817, 11, 67. I müsst ein grosser Lugenschippel sein. H. J. 1850, 46, 23.

Schiberl (Schiba'l), n., dim. von Schibl. Was hätten die 3 Generäle mit ihrn versprengten Schiberl Mannschaft mehr ausrichten können? n. Eip. 1814, 7, 10. Was is das Schiberl Mensch'n gegen die alliirte Armee? n. Eip. 1815, 6, 32. Do sich i ein Schipperl Leut stehn. H. J. 1855, 51, 2.
Då drobn auf da' Höh
Is a Hirsch und a Reh,
Und a kloa's Schiberl Gäns
Und a schwårzaugats Mensch. W.

*Gschober (G'schöwa'), n., *Haare in grosser Menge*. A G'schober Häar hām. W.

**Schub** (Schüb), m., *Spass, Scherz, Posse, Unannehmlichkeit*. per Schub zum Spass. Wann si der Herr Vetter ein'n recht'n Schub mach'n will, so geh er nur hinüber. n. Eip. 1816, 7, 44. Auf d' Letzt werd'n d' Bandlkramer a no Kaufleud heiss'n wolln, lauter Schopperei, a lauterer Schub. n. Eip. 1817, 4, 65. Die ganze G'schicht, Herr Schwager, war ein Schub. H. J. 1839, 6, 42. Er håts' bein Gräs'n ófta' va'sprengt g'håbt, drum håta' eam den Schub a'thå'. W. Gestern bin ich per Schub wider in das Weinhaus g'gangen. n. Eip. 1818, 12, 34.

**Schacher,** m., Schach'l, n. dim. *Wald, besonders kleines Gehölz zwischen den Feldern.* Leit di selbe gulte an getraid an pfening und an drin schachen holtz und auf mulen und anderlei weiset. Frast 620. Vor der Stat seind vil klaine Schächl, darin sich die Hasen enthalten mögen. Herb. Mosc. S. 3. Es sein klaine Schächel auff ein halbe und gantze meill von der Stat. Herb. Biogr. 126. Wer unsern herrn in sein Paumgartten Schacher gehet (1667). Kaltenb. Pant. 2, 260.

Grád daustahol ůnser
Is a Schacherl, a schlecht's.
  Stelzh. 2, 173.
Aft kimmt a Schär Leut aus'n Holzschacher aus. Schoss. G. 128. Der Burgermeister von W. is durch 'n Hausschacher gangen. H.J. 1860, 42, 21.

*****Schächerbeis,** *aus der Gaunersprache in die gemeinste Umgangssprache übergegangen*, *Branntweinhaus*, *Bierhaus*, *Kneipe.* Und so geht's von die Schacher- und Serafbeis (*Bier- und Branntweinhäuser*) aufwärts bis zu den Schampaniergelagen. H. J. 1848. Statt Branntweinhaus sollt' er die Aufschrift Schächerbeis nehmen. H.J. 1845, 10, 21.

*****Schüchtig** (schichti'), adj., *von* scheuchen, *beinahe so viel wie* entrisch. In unsa'n Haus is's gâr schichti'. Wånn ma bei da' Nåcht alloa' is, so is 's schichti. W.

**Schěk,** m., *geflecktes Thier, bes. Pferd,* Scheck'l, m., *gefleckter Hund.* So oft mir jetzt auf der Gassen ein Scheck begegn't, steigt mir immer der Zweifel auf, ob das nicht auch gmahlte Fleck sein können. j. Eip. 1807, 7, 40.
Dö zwen Schecken spannt's ån dö schen Schäss. Stelzh. Ged. 308.
Schěckig, schěcket, g'schěcket, *gefleckt, bunt.* Die aus den paiden trinkent, die werdent schekkot, weiz und swarz. Meg. 484. Ein gescheckiger, vilfärbiger, vilfleckiger Mantel. Scher. Pr. 1, 51. Das vilfärbigo und gescheckigte Gauckelmännlein. Scher. Schr. 1, 119, b. Weisschecket (Pferde) seind im veld untreu, aber arbeitsam. Albrecht. Es seynd nicht alle Lämbel des Jacob weiss gewest, sonder auch sehr viel gesprengt und gescheckeť. Abr. Jud. 1, 64. Einer ziehet roth auff, der andere blau, der dritte gelb, der virdte grün, dar fünffte braun, der sechste gescheckeť, allerley Farben, wie ein Tauben am Hals. Abr. Jud. 1, 353. Der sechst Stab des Sathans ist schecket oder bunt. Albert.
  Landst. 1, 454.
Aft fliagt a mit Flüg'n
In a helliacht'n Pracht,
Gånz g'schekat, as håt'n
A Måler so gmåcht. Kalt. 2, 95.
  A g'schegads pår Ochsen,
  A scheewaisse Kua,
  Dö gibd ma main Våda
  Wån i heirathen dua. Vogl 14.
Die Primeln beben die gscheketen Köpferln schon in d' Höh. H. J. 1852, 16, 11. Der Marmelstan hat ausgschaut, wie man die g'scheketen rothen Eyr macht. n. Eip. 1814, 7, 43. Welche hätt' so ein g'scheketen Wickler einst mögn.
A Harlekin is ja grad nur a Spitzbub dageg'n. W. Theat. R. 55, 33.
So g'schmachi und natürli vorles'n, dass m'r si völli g'scheckt lachen möcht. n. Eip. 1817, 2, 35.
Gugaschěcken, f. pl., *Sommersprossen*, gugaschěcket, adj., *mit Sommersprossen behaftet*, *auch* summaschěcklat. Dass sich eine ein Flaschl Schönheitswasser um 5 Guldn kauft, weil sie sich die Gukascheken vertreibn will. H. J. 1840, 1, 61. Wo der Maler bei den verschiedenen Guckenschecken, Hühnerkrallen u. dgl. d' Augen zudruckt hat. H. J. 1845, 6, 37. Besondere Kennzeichen: Gugerschegert. H. J. 1851, 15, 4.

Summaschecklat bist freili
Im Gsicht und hübsch braun. Stelzh.
2, 20.

**Schèckel**, m., *ein geflochtenes Werkzeug zum Prügeln, gewöhnlich aus Leder.* Auf die Letzt werd ich noch ein eigenes Zeughaus errichten, wo nichts hineinkommt, als lauter Scheckel und Haslinger. Raimund 1, 13. Meine Residenz war die Schulstube und mein Szepter ein Scheckel, den ich als Gehilfe des Schulmeisters schwang. W. Theat. R. 71, 17. Helfen kann nur der Scheckel der Oeffentlichkeit. H. J. 1860, 46, 13.
  Kauft einen Schekel
  Und linirt ihr d' Haut voll Fleck.
  W. L.
Die Scheckelhiebe haben einige Herren dazu gebracht. H. J. 1859, 8. Scheckeln, vrb., *mit einem Scheckel prügeln.* Der junge Gescheckelte wird bei seine künftigen Brautwerbungen g'wiss behuthsam sein. H. J. 1841, 2, 45.

*****Schaderer**, m., *der erste unter den Burschen in einer Mühle.* Dös war die Mischung, dö der Müllerin gfalln hätt, aber dem Schaderer wars nit recht, und er hat den Jungen beutlt. H. J. 1847, 5, 7. *Im Volke Schāodarā.*

*****Schedel** (Schèd·l), m. *Dieses im Dialekt sehr beliebte und fast immer für Kopf gebrauchte Wort fehlt auffallender Weise bei Schm.* a) *Kopf, meist verächtlich.* Es werden alsbald eure Schödl auff die bäume gehangen werden. Muchitsch Paed. 2, 35. Auf auf Riepl, heb dein Schedel. Weinh. W. 93. Er hatte einen grossen Schedel, wie ein Saukürbes. Abr. Jud. 1, 416. Es möchte einer schier wünschen, wann einem der Schedel nicht so lieb wäre, dass er kein Kopff hätte. l. c. 1, 95. Wie er den groszkopffeten Goliath an dem Schedl mit dem Stein gworffen. Abr. Laub. 3, 202. Sie will nu, was ihr nützt, sunst nix, beym Schedel kriega'. Osterr. Schreib. 6.
Dāzua hād den Guld'n brauchd?
G'soff'n, das da Schedl raucht? Cast. 59.

Nuss auf d' Nåcht, Nuss auf d' Nåcht,
Håt ma' meī Vāda' bråcht,
Håt ma' 's gebn mit da Faust,
Dass ma' meī Schedl håt g'saust. W.
Der eine hat ein grossmächtigen Schädl wie ein Wasserschaf, der andre ein kleinwintziges Spatzenköpfel. w. Eip. 11, 47. Dass unser Staatskredit nach und nach wieder 'n Schädel in d' Höh beben kann. n. Eip. 1815, 1, 20.
· b) *von einem trotzigen, eigensinnigen, störrischen Menschen.* Der håt an'n recht'n Schèd'l! Gē, Schèd'l. Der håt an'n Schèd'l, der sei' g'hört. W. Schau, dās hāst von aigna Schedl, Schau, dās hāst von aigna Sin. Linderm. 74. Siegst'n den hirngsengten Schedel? Stelzh. Ged. 382.
's gschicht schon recht der stolzen Gredel, Tragt ja immer so hoch den Schedel. Meisl G. i. P. 39.
Ein jede putzt sich nach ihren Schädl auf. j. Eip. 1807, 8, 35.
*Redensart:* Auf den sein Schèd'l kunnt' ma' a Nuss aufschlägen, *er ist sehr eigensinnig.* Ebenso Dickschèd'l und dickschèdlet, *Starrkopf, starrköpfig.* Mein Papa hat wieder sein Dickschedel aufgesetzt und hat durchaus nicht mitgehn wolln. j. Eip. 8, 10. Er is dickschädlig und wehrt's, weil er's g'rad wehren will. Silberst. 2, 98. Lassens' den dickschädleten Buam, Frau Masterin. Berla. Der Vierzehner, das is schon so ein dickschedlets, eigensinnigs Numero. Mos. N. F. 3. 43.
  Dås bockboanög is
  So a Bissl, wier i —
  Han i kånn nix dafūr,
  Dass i dickschedlat bi. Wagn. 25.
**Blutzerschèd'l**, m., *grosser Kopf.* 's will halt nix in sein'n Bluzerschedel eini. n. Eip. 1814, 10, 65.
**Tappschèd'l**, m., *plumper, unbeholfener, dummer Mensch.*
  D' Judith und da' Tappschedl
  San mit anånda' gånga,
  Und d' Judith håt in Tappschedl
  Wolln fuara'fånga. W.
Der Dappschädel ist so ein Tochter

gar nicht werth. n. Eip. 1813, 9, 40.
Der Tappschädel raisonirt g'rad
so, wie der Blinde von einer Farb.
H. J. 1836, 2, 1, 18. Nazionen, wo
die Ehrlichkaid no nid Dappschäd-
lerei heisst. n. Eip. 1816, 8, 20.
\*Schid'l, m., *der Teufel, meist mehr
scherzhaft.*
In an Flugs dä hät s' ihr d' Wäng än-
o g'stricha,
Aften bät s' da Schidel wökag'führt.
Linderm. 175.
Dass di da Schittel! Du Ross-
schinda' fähr. Linderm. 129.
Da führt mi so per Ung'fehr der Schid-
del in ein Weinhaus. n. Eip. 1813,
12, 6. I hab schon wirklich glaubt,
der Schidel hat die Kikerikifresser
(*Franzosen*) wieder da. n. Eip. 1813,
11, 27. Das macht alles der ver-
mahledrahdi Arrest, hobl'n der Schidl.
n. Eip. 1817, 4, 34.
    Da führt 'n der Schidl
    In ein'n Bauernkidl
    Daher ohne Hued,
    Aber a ohni Blued. n, Eip. 1815,
8, 16.
\*Schoderån, m., *eine Art Kopfputz.*
Wo vor Zeiten 's End häbnt gnuhma d'
Schöpf und d' Schoderån,
Dädl höbnt si d' Haubmagipfel ietz und
erst recht ån. Linderm. 160.
— äft traist an Schoderån
Und lögst änstätt da Schaubn an weiten
Reifrock ån. Linderm. 34.
G'schüdi! *Ruf, um das Geflügel zu ver-
jagen, auch* Gsch! W.
\*Schäften, vrb., *eilig gehen, unruhig
herumgehen.* Allzeit is a ganzer Schwarm
Leud hinter ihnen d'rein g'schäft.
n. Eip. 1816, 5, 11. Aussischäf-
ten, *hinauseilen.* I bin glei 'n andern
Tag aussig'schäft. n. Eip. 1819,
3, 5. Is m'r auf d' Pläsir in a Theater
aussig'schäft. n. Eip. 1817, 10, 5.
Daherschäften, *herbeieilen.* Nach
einander seind's halt auf einmahl da-
hergschäft. n. Eip. 1814, 4, 41.
Einerschäften, *hereineilen.* Sein
nur etlichi Paarl mit ihnern Laterndl'n
einerg'schäft. n. Eip. 1816, 4, 34.

Fortschäften, *forteilen.* I will
g'schwind fortschäften. H. J. 1846,
7, 36. Ummerschäften, *herum-
gehen, geschäftig thun.* So schäftens
ummer wie d' Maus im Kindbettel
und raunz'n wie d' Katz in sechs
Wochen. n. Eip. 1816, 8, 21. Die
Mannsbilder seynd drin umerg'schäft
wie am Graben. n. Eip. 1814, 2, 10.
I hab alles aso paarweis beisammen
sitz'n, oder mit einander ummer-
schäft'n g'sehn. n. Eip. 1818, 12,
44. Verbeischäften, *vorübereilen.*
Da seind a Paarmahl so ein Paar stumpf-
nasete vor uns verbeigschäft. n.
Eip. 1814, 3, 51.
\*Schälbäss'n, f., *Garbe, die nur theil-
weise gedroschen ist*, schälbäss'n,
vrb., *Garben dreschen,* ä' schälbäss'n,
*die Garben zusammengebunden abdre-
schen, die dann erst aufgelöst und noch
einmal ausgedroschen werden.* Der stêt
dä, wia-r-a Schälbäst'n, *d. h. wie
ein Bund Stroh, stumm und redet
nichts.* W.
\*Schäl'n, f., *das Querholz, welches auf
beiden Axen liegt, und wo auf der Vor-
deraxe der Kipfstock darauf steht.* W.
\*Skalieren, vrb., *schelten, schmähen.*
Also hefftig zu scalieren, schelten,
Zunamen zu erdenken. Scher. Schr.
1, 194, a. Wanns zum scalieren
und bolbippen kombt, seyt ihr Maister;
ich will aber nit wiederumb schelten.
l. c. 1, 253, a. Weilen er gelogen
und nicht Standgemäss wider so grosse
Häupter scaliret. Quot capita 245.
Da hats aber einigi g'geb'n, dö do
drüber raunzen und skalir'n. n. Eip.
1815, 2, 74. Das war a Fucht und
a Skalir'n. n. Eip. 1814, 8, 28.
D' Leud skalirn über di Badnerwirth,
dass ihr schlechtester Wein a Zwas-
guld'nwein is. n. Eip. 1818, 10, 50.
's ganzi Haus balt't si auf und ska-
lirt über den Taubnkob'l. n. Eip.
1817, 3, 54. Ausskalieren. Den
Papst und die Goistlichen auff allerley
Weiss ausszuschalieren und zu
schelten. Scher. Schr. 1, 148, b.
Skalierer, m. Solche Scallirer,

Ehrenschmäher und Hollhipper. l. c. 1, 401, a. Scalierschriften, *Schmähschriften*. theologische scalierschriften wider den Neucalender. Rasch N. Cal.

**\*Schalù**, plur., *Vorsatzbretter an den Fenstern, bes. häufig in der Zusammensetzung.* Schalûgadà. Sie hat vom Lusthaus nur die Schalu, aber die inwendigen Fenster nit zug'macht. H. J. 1843, 16, 12. Wenn i der Hausherr wär, und hätt so noble Partheien, liess i do die Schalugatter anstreichen. H. J. 1837, 3, 2, 14. Ein ganzer Schwarm hat bei allen Fenstern bei die Schalugatter h'neing'schaut. H. J. 1844, 17, 9. *Auch an Wagen.* In Konstantinopel fahrn d' Damen auf ein Laterwagn in der Stadt spaziern und rauchen ein Pfeifen Tabak und gucken durch ein Schalugatter auf d' Mannsbilder ausser. Eip. 37, 44.

**Schälen** (schöln), vrb., *wie Schm., von der Schale trennen. In Wien ist beim gemeinen Volke* Schäler, Schöla *für Kleidung beliebt.* Ein Stadtkellner muss eine saubere Schöller und eine feine Wäsch haben. H. J. 1859, 34. Sie hat ihre Gatterling (*Ringe*) und ihr Schöller verschrauft (*versetzt*). H. J. 1853, 3, 5. Mit seiner Schöler is' alt (*seine Kleider sind gut*). H. J. 1841, 4, 61. Sitzt mit 'n Licht und flickt sich ihre zerrissene Schäller. H. J. 1851, 45, 11. Mir stengen in der Scheller a bissel kecker da, als wie Sie, Herr Vetter. Mos. N. F. 7, 33.

So steh i jetzt da, als ein fescher Rekrut,
Die Schäler verarbeitt und 's Massel (*Geld*) im Sack,
Denn brauch i a Gwand, krieg i's aus'n Depot. W. L.

    Untern Arm an Stöcken,
    In der Hand an Wecken
    Schleicht a Bürscherl daher,
    Sagt, ka Arbeit krieg ich,
    Von der Schöller fliag ich,
    Und an Hunger wia a Bär. W. L.

**Schilchen**, vrb., *schielen.* Wann er schon schilchet oder einaugig ist. Abr. Jud. 1, 90.

Das Dearndal thuat schilchen,
Und wo schielcht's denn hin? Seidl A. 2, 32.
*Besonders vom Wein, wenn die Farbe desselben ins Röthliche schillert.*
Die Necker wein sind frisch und gsund,
ergeben doch nit wol im mund,
die Tübinger die schilhen wol,
wers ubertrinkt, der wird auch vol. Rasch Weinb. 49, a.
*Daher* Schilcher, m., *solcher Wein.* Um daselbst sich des Lebens und des Schilchers zu erfreuen. H. J. 1855, 1, 15. Schilchend, *schielend.* Dort war ein schilchete einäugige Wirthin. Abr. Etwas 2, 32.

**\*Schamerieren**, verschamerieren, vrb., *ausschmücken, verschönern, putzen.* Alldorten sahe ich eine verarmorirte, verschamerirte, gezierte, palirte, geschmuckte Docken zum Fenster ausschauen. Abr. Gebab. d. w. 12. Die Verwechslung des prächtigen verschamurirten Purpurkleids in eine Schneeweisse Chor-Flocken. Abr. Kram. Lad. 2, 399. Aus deinem polirten, verschamerirten Gesicht merke ich — Abr. Laub. 2, 315. Und d' Loschen sind alle mit Gold verschamerirt und mit ein brinnrothen Zeug ausspalirt. Eip. 16, 12. In der Kapellen, dö sehr stattli ausg'spalierd und verschamerird war. n. Eip. 1817, 11, 7. D' Stadt wird von Jahr zu Jahr besser verschamerirt. H. J. 1832, 1, 29. Just häb'n s' erm 'n Leib mit Blätta vaschamerirn woll'n. Seidl 272. Mehrere Säl sind mit Spiegeln und Säuln verschamerirt. j. Eip. 39, 35. Der Director is nichts als der verschamerirte Altg'sell. n. Eip. 1813, 9. 18. *In dieser Bedeutung ist das Wort auch im Volksmund üblich.* Sich verschameriren, *sich verlieben*, verschamerirt, *verliebt, vom Französ.* chamarré, *verbrämt.* O guldener Schatz! in dich bin ich ganz verschamorirt. Abr. Etwas 3, 74. Die, wie Narcissus, sich in ihr eigen Gestalt und goldene Haar-Locken verscha-

merirt. Abr. Todt. Cap. 315. Sie
seind alle in ihm verschameriert.
n. Eip. 1814, 1, 18. Das Weib etwas verschamerirt in den Gast,
hat ihm nun eine besondere Freud
bereiten wollen. jet. Eip. 1820, 3, 123.
Hat eine mich g'sehen, war a' gleich
g'schamerirt. W. Theat. R. 21, 34.
Ausschameriren, *ausschmücken*. Mid
Blumenvestonen und Girlandt'n und
Busch'n ausschamerird. n. Eip.
1818, 4, 46. Hietzt hab'n unsri
Poet'n 'n Diebstahl, Raub und Todschlag so schön ausschamerird.
n. Eip. 1818, 3, 19.

\*Schamper, m., Schamperl, n.,
*ein männliches Kleidungsstück, ein kurzer Rock, gewöhnlich von blauem Tuch.*
Kalt. 1, 213 *leitet das Wort von dem
italienischen scampolo, ein Stück von
übrig gebliebenem Tuch ab.*

    Sein Joppen, dö narrisch,
I woass nöt, wie's hoasst,
Is koan Schamper, koan Rock,
Hat an extarigen Loast. Kalt. 1, 103.
Weit däni fliagn d' Schamper,
War 's Löbn sunst nöt gänz. l. c. 2, 138.
    Koan Sorg is mit mir g'rennt,
Is weit va mir gflogn,
As häd i s' so leicht,
Wie mein Schamperl auszogn.
l. c. 1, 33.

\*Schampus, Schampas, m., *scherzhafte Bezeichnung des* Champagners.
Nit einmal ein Häferl Schampers
tragt 's ihm mehr. H. J. 1859, 34.
Mir woll'n heunt laut da unser Wetter
machen,
Schleppts an Schampas aufa, der muass
a no krachen. W. L.

\*Schamster, *Abkürzung für* gehorsamster, *nur in der Verbindung mit* Diener.
Ab — der Herr Baron — schamster Diener, na, wie ist's, hat die
Gnädige eingewilligt. W. Theat. R.
56, 33. Der Wirth mag mit seiner
Dosen und mit sein'm schamster
Diener no zehnmal mehr aufwarten.
H. J. 1843, 11, 12. Wann man selber
ein gut's Werk ausüb'n soll, schamster Diener, da mag man nix
wissen. H. J. 1847, 13, 24.

\*Schenieren, vrb., *ein sehr beliebtes
Fremdwort, beirren, hinderlich sein,
sich sch., sich zurückhalten, sich schämen. Sehr häufig in der gemeinen Umgangssprache ist* Schenirer (Schenira'), m., *das Scheniren.* nur keinen
Schenirer; keinen Sch. haben;
ohne Sch. sagen.
Wann nur die da net in dem Haus logiret,
Ich bin so schenirt. Berla Kathi v.
E. 10.
Halts euch z'sam und zeigt, dass fesche
Wiener gar kein'n Genirer hab'n.
Lang. W. V. 1, 4. Weilst glaubst,
dass wir vor deiner an Genirer
(*Angst*) haben, werden wir di a bissel
beuteln. Mos. V. L. 7, 37. Der hat
gar kein Schönirer g'habt, und
kehrt mir ein ganzen Besen voll Koth
über meine Stiefl. H. J. 1838, 2, 2, 26.
    Nix kann uns schrecken,
's gibt kan'n Schenierer ewig net,
Lass ma uns es schmecken,
So lang 's a so no geht. W. L.
Du hast kan Schenira, g'schicht schon
was da wöll,
Du bist dichti da, ja meiner Seel. W. L.
Nur gar kan'n Scheniera auf dera
klan'n Welt,
Gebts wia und da wöll, schlechter gehts
nöt, als g'fehlt. W. L.

\*Schiengeln (schea'g'ln), vrb., *schielen*; schienglet (schea'glad), adj.,
*schielend,* a) *mit den Augen.*
    Wann ana sagt der scherngelt,
Und der And're sagt die schielt.
W. L.
Dä siach i zwoa Sterndln beinänd,
Dö scheangeln ananda so freundli in's
G'sicht. Kartsch 1, 9.
Der wann er g'redt hat, wie ein scheangleter Gasbock (*Redensart*) ausg'schaut hat. H. J. 1848.
So muss 's in Wien, das sicht a Schöankleter ein,
Do nöt gar so z'wider sein. Mos. V. L. 2, 66.
Compos. Itzt thuts ihm weh, wanns
ihn anschaut, statt wohl,
Itzt will er, dass sie ihn bloss anschenakeln soll. W. L.

Sie scheangeld afi au'm Baum,
Duad äwa, åls wånn s' 'n nöd sechad.
Cast. 119.
A rothhaareter Pharisäer, der mit ein'n heimtückischen Neid auf dö Begebenheit hinschiengelt. n. Eip. 1815, 2, 8. Müssen Sie denn gerad auf andre Madeln so hinüberschiengeln? Raimund 3, 41. Wie der Glückliche, dem was in'n Sack fallt, d' Aug'n links draht und rechts hinüberscheang'lt und 's rechte Ohrwasch'l bis zum Sack hinunterziebt. H. J. 1844, 24, 7. Sie hat so verliebt h'nunterg'scheangelt, dass ihr d' Augen stecken bliebn sein. H. J. 1839, 5, 6.

Und scheangelt auf mih z'ruck
Und beanzt mi dabei. Seidl 47.

b) *der schillernde Glanz eines Kleides.* Sappralöt, dera' ir Klåad scheäg'lt äwa'. W. Einmahl haben d' Leut schengleti Kleider tragen. H. J. 1834, 26, 8. Jetzt hat sie sich ein neues Kleid von ein schengelnden Taffet machen lassen. Eip. 22, 42. Dös glanzt mid an'n schiengled'n Sammet-Krag'n wie a Spiegl. n. Eip. 1818, 10, 31.

**Schanze** (Schånz'), f. a) *wie hchd. Schanze.* Schanz'l, n., *eine Stelle am rechten Ufer des Donaukanals in Wien, wo die Schiffe landen, eigentlich eine kleine Schanze.* Der Feind hat zu ende des Augusti den Revelin oder Schantzl mit miniren gantz zu hoden geworffen (1683). Archiv 4, 453. Fremde Holtz-Handler sollen selbsten mit dem Holtz zu den Schäntzl fahren. Cod. Au. 1, 157. Wann m'r si zum Haf'n an der Daner bein Schanzl hinstelld, sieht m'r höchstens a Paar Holzzilln. n. Eip. 1817, 4, 64.

Sogår auf'm Schanzel, wo d' Hund apportir'n,
War's nöthi, für'n Plätz sib zu pränumerir'n. Seidl 208.

b) (a. Spr.) *Wurf mit Würfeln, Glückspfall, Vortheil, Einsatz,* mbd. *schanze, franz. chance.*

Der abtrünnigen wiener schantz
Und trast waz in entfallen gantz.
Beheim 356.
Ich setz auff spil mit dir.
Würff her mein schantz, ich hab schon acht
Und du sibne. Schmelzl.

Wan aus historien des glücks wendung wisslich, das im weldspil kainer alle schantz, lässs oder stich gewunnen. Rasch H. Öst. A. 3. Mit dem gewunnen, damit erhielten sie die schantz. Rasch Fastl. D. 4.

Herr Leininger mit namen Frantz,
Der wagts auch rodlich in die schantz.
Weidf. Freysch. B. 3.

Was gehet dich das an? du sehe auff dein Schantze. Scher. Post. 87. Sollte euch wider uns Catholischen einmal ein solche Schantz gerathen. Scher. Schr. 1, 320, b. Also, das under der allergrösten Schantz, welche da ist sechs, verborgen steckt die allergeringste, welche da ist das aass. Albert. Hausp. 20, b.

Wer jetzund steckt voller Finantz,
Zu schandt und Lust ersoffen gantz,
Der gewinnt in der Welt die Schantz.
Abele, Met. 3, 71.

Hab acht auf deine Schantz, das Beste red zur Sachen,
So wirst du bald aus dir ein wackern Weltmann machen. Abele Unordn. 1, 142.

Hat eine Freule die Schantz übersehen, so sagt der Schmeichler: Die Weibsbilder haben eine gebrechliche Natur. Abr. Laub. 1, 426.

c) *das beim Kegelspiel zusammengelegte Geld, das derjenige ganz gewinnt, der die meisten Kegel schiebt.*
**schanz'ln**, vrb., *um den Einsatz Kegel schieben.*

Aft mitt in da Schånz
Haisst's: Geb päck di davon. Stelzh. 2, 38. Um dann auf der Kegelstatt im Dorfwirthshause ein paar Stuuden zu schanzeln. Kaltenb. Traung. 242. *Das Uebrige wie bei Schmeller.*

**\*Schappieren**, vrb., *unversehens, heimlich davongehn, entwischen.* Hat die in

Verdacht g'habt, dass s' die Desertörs will schapirn lassen. H. J. 1844, 1, 23. I hab nix anders glaubt, als dass der Mensch verruckt und etwan gar aus'n Narrnthurm schapirt is. H. J. 1839, 1, 49. Denen cana Knecht is schappirt. W.

**\*Schapo**, *Courmacher, Liebhaber oder Begleiter einer Dame.* In jedem Schlitten ist ein schöne Dames mit ihrn Schapo gsessen. Eip. 17, 18. In mein Haus ist jetzt alle Tage Fasching, manchmal erlaubt mir mein Frau Gmahlin ihr den Schappo z' machen. Eip. 4, 30. Es därf si kan Fräule mehr fürcht'n, dass s' an'n Kellner oder ein'n Hausknecht zum Schapo an kriegt, wanns mid ein'n tanzt. n. Eip. 1819, 2, 52. Den Stadtfräulein g'fallt's, wann ihnen d' Chapos recht viel blauen Dunst vormachen. II. J. 1835, 1, 1, 51. Manchmal tanzt das Frauenzimmer allein rückwärts fort und der Chapo hupft nach. H. J. 1835, 1, 3, 43.

**Schoppen**, vrb., *im Ganzen wie bei* Schm., dann hat es noch die Bedeutung: *einen zum Besten haben, foppen, vielleicht schon angedeutet in folgendem Satze aus* Abraham a S. Clara. Den Leib musz man nicht zu viel foppen, auch nicht gar zu viel schoppen. Abr. Laub. 3, 372. Seind die Burger in Wien in dem Stuck g'lobt, oder seind s' g'schoppt? n. Eip. 1814, 1, 27. Da hab i nid g'wusst, schoppt mi der jungi Herr, oder halt't er mi gar für ein'n Narrn. n. Eip. 1816, 4, 22. D' Wiener hab'n halt do no a G'wissen. Wann m'rs lobt, so glauben's, m'r hat s' nur g'schoppt. n. Eip. 1815, 1, 66. Sie schoppen mich nur; wann Sie einen Narren wollen, kaufen Sie sich einen. jst. Eip. 1819, 9, 34. Der wird manchmals g'schoppt und muss eine G'schicht an einem Abend zehn Mal erzähln. H. J. 1843, 1, 3, 40.

D' Menscha, dö schobbad i Fürchterli,
Dö mi ân nur schaud,
War schon an ärmi Haud. Cast. 77.

*Daher* Schopperei, f., *das Foppen.*

**\*Schipps**, adv., *schief.* Dâ gêt schipps ummi. W. Geht oaner schips, so geb du den grâden. Misson 2.

**\*Schupps**, schupps di", adv., *zur Bezeichnung des Plötzlichen, Unerwarteten.* Er hat nur g'sagt, marsch, hat mi bei der Flûg gnumma und schupps bin i draust g'leg'n. Berla Kathi v. E. 11. Taucht hint'n mid'n Knia nâchi und schubsdi — da ligd 'r drausd. W. Gesellsch. 6, 108.

**Scharrezen** (schâraz'n), vrb., *wiederholt scharren, kratzen, wetzen, einen scharrenden Ton von sich geben;* mit den Zähnen sch., *mit den Zähnen knirschen,* mit dem Messer sch., *wenn man mit der Schneide einen zinnernen Teller schabt.* Der Schlosser sch., *der eine Säge feilt,* sch.
Af da Gred lat da Hund
Und schâratzt âm Bain. Stelzh. 1, 173.
Sâgt da Baua zu da Bairin:
Dâs Ding duad kâ" guad,
Das in Dia'nd'l ia' Béddstâd
So schoaraz'n duad. W.
Die Geiger hab'n mir z' viel g'scharrezt. H. J. 1837, 1, 2, 40. I bin alleweil auf was kâme, dös a so g'scharretzt hat, wie i eini greif, wars der vermahledrahdi Brief. n. Eip. 1815, 4, 62. Fortipiani, dö ein'n Ton hab'n, der aso schnofeld und scharetzt, als wann m'r auf ein'n Kampl Trumpett'n blaset. n. Eip. 1819, 9, 25. Die Scharrezer habns a ausgmerzt ghabt. H. J. 1842, 1, 34. Und wann man froh war, dass das G'scharrez ein End hat, haben die Enthusiasten so wüthend „Bravo" g'schrieen. H. J. 1852, 29, 7. Das Orchester herumscharezen lassen. H. J. 1842, 1, 7. I habs schon g'hört, dass im 1. Conzert nachgscharatzt hab'n. H. J. 1842, 1, 32.

**Scheur**, Scheier, m. f., Scheierl, n. (â. Spr.), *Becher, Pokal.* Unsern genedigen herrn zwo silberne vergulte Scheyrer (1474). Schlag. N. F. 3, 202. Herzogen Maximilian zwo Schewren und ein grosser Koph verert (1476). l. c. 1, 103. H. Lucasen Kanzler ein vergults scheirl (1488). l. c. 3, 239. Ain silbreine vergulte schewr versetzt. Chmel Mon. habsb. 1, 2, 776. So bisher gantz und halb lot weis gold und silber, nit scheiern oder pecher weis aufgekauft (1513). Archiv 14, 271.

**\*Schier** (Schin'), f. *Der Kuhhirt zu Münchendorf holt zu vier Zeiten, zu Georgi, Johanni, Laurenzi und Martini sein Geld für das Hüten, das wird die* Schier *genannt.* W.

**Beschores** (B'schāaras, B'schuāras), m., *Betrug, unrechtmässiger Gewinn, bes. von dem Stoff, den Handwerker betrügerisch zurückbehalten;* Besch. machen. Ein ziemlichen Gewinn und Beschores finden. Abr. Jud. 2, 203. Wer hat die Pärtiten erdacht, wer hat die Beschores erfunden? Abr. Laub. 1, 77. Gibt man ihm so viel Tuch, so hat der Schneider gleichwollen nicht genug, dann der Meister vor seinen Sohn den Böckel macht gern ein Beschorres auf ein Röckel. Abr. Gehab d. w. 71. Gedenckt beineben, ob er nicht etliche Ellen Borten kan Beschorres machen. l. c. 404. Va den Gârn muass a mar an B'schoaras macha. W.

**Schur**, *in dieser Bedeutung nur* m., *Plage, Neckerei,* Zum Schur, zum Possen. So habns uns wolln ein Schur machen, ein Paskewill auf unsere Zeit. H. J. 1839, 1, 4. Er thut seitdem ihrer Familie allen möglichen Schur an. H. J. 1852, 16, 7.

Schau, d' Abendsunn ah zagt sih noh,
Und lâcht 'n Gwölk zum Schur.
Seidl 124.

Sogâr in da Nacht spiel'n
Dö Tram ihr an'n Schur. Kartsch 2, 61.

D' Nâcht wirft da Sun in ihrn Schein,
Wo 's mögli is, an'n Schätt'n drein,
Und duad ihr deand an'n Schur.
Cust. 71.

**Schurimuri**, m. a) *ein Mensch, der nicht ordentlich denkt, sondern unüberlegt handelt.* Das Schachspiel sei a Spiel für a denkende Nazion, nid aber für a so a Schurimuri Volk. u. Eip 1815, 6, 27. Sei stad, Schuri-Muri, und schlâf recht süss. Seidl 130. Da Sternschurimuri

Haust um wie a Furi
Und schilt, wâs a kânn. Linderm. 147.

b) *alberner Scherz.* Da habn ein Paar elegante Herrn mit ein hübschn Gsichtl ihren Schurimuri gtriebn, und habn so laut gredt und kudert. j. Eip. 15, 21.

**\*Schärgaz'n**, vrb., *mit zwei harten Gegenständen stark an einander reiben, dass es schallt, z. B. mit Steinen, Glas, Bein, mit den Zähnen.* Die Maus schärgazt, *wenn sie Hartes benagt,* der Rechenstein schärgazt *auf der Rechentafel, er gibt einen scharrenden Ton beim Schreiben.* W.

**Scherg**, m., *und* schergen, vrb. *wie bei* Schm; *ich füge noch 2 composita dazu:* verschergen, *noch sehr üblich, jemanden wegen unbedeutender Fehler anklagen.* Da ist schon das Beneiden, das Aufstechen und Verschergen. Abr. Etwas 2. Der hât mi' bei mein Herrn vaschirgnt. W. Zuschergen, *heimlich berichten.* Das Diendl thäte ihrem Herrn Vater, und der Sohn der Frauen Mutter alles auch zu Zeiten ohne Grund der Warheit zuschergen. Abele Unordn. 3, 61.

**\*Scharmant**, m., Schar mantel, Scharmanterl, n., *Liebhaber, Courmacher, auch die Geliebte.* Es is ihnen drum z' thun, ein Scharmanten z' haben, der s' überall hinführt und für sie zahlt. H. J. 1834, 29, 57.

I hâb sex Amant'n,
'n schênst'n Scharmant'n
Den suach i ma aus,
D' ândan schick i glei z' Haus.
Sengschmitt.

Mein Scharmantel hâd ma kan'n Rua gebn; i hâbs nâch'n Theater in d' Redutt fiarn miassen. W. Gesellsch. 2, 131. Die Dienstbothen machen sichs zur Bedingniss, dass ein Scharmanterl zu ihnen ins Haus gehen kann. H. J. 1836, 2, 2, 34. I bin bietzt seit 5 Jahren siebzehn Mal auszog'n, dös is no öfter als ein alter Liebhaber von seine **Scharmanterln** auszoga wird. H. J. 1838, 3, 1, 34. **Scharmieren** *und* **scharmuzieren**, *liebeln*. Wie er mit der Köchin **scharmirt**, steckt ihm der Bub ein papiernen Zopf untern Pelzkrago. H. J. 1839, 5, 61. Kehr um ein Hand hat's schou ang'fangen mit ihm z' **scharmiren**. n. Eip. 1813, 10, 37. Da könnt's nach Herzenslust mit ihrem Huterer **scharmuziren**. Hopp Hutm. 54.

**Scharnier** (Scha'nia'), f., *franz*. la charnière, *das Gewinde, nur in der Redensart* aus der Sch. sain, kommen, gebracht werden, *aus der Ordnung, aus dem gewöhnlichen Zustand, nicht blos von Personen*. Sie schnarcht oft so laut, dass der Pfarrer auf der Kanzel völli aus der Schanier kommt mit seiner Predi. n. Eip. 1816, 6, 24. Als wann d' ganzi Weld verdraht und aus der Schanier g'gangen wär. n. Eip. 1815, 8, 28. Vorn Anfang von Fest sein a Paar Bänk aus der Scharnier g'kummen. n. Eip. 1815, 1, 46. Alles hat g'rebellt, dass 's Theater aus der Scharnier g'gangen wär. n. Eip. 1814, 6, 37. Wie weit warns denn kummen mit ihnern aus der Scharnier g'schlagnen G'stell? n. Eip. 1818, 9, 12. Dö Reis hat mi völli aus der Scharnier g'schlag'n. n. Eip. 1819, 2, 3. Der ganze Anzug is mit dem Herumfahren und Herumwetzen aus der Schanier kummen. H. J. 1842, 3, 40. Das müsst schon einen Elephanten aus der Schanier gebracht haben. Hopp Atl. 68. Jä und mi bein Vozöhln huda s' a bäld aus der Schanier brächt. Stelzh. Ged. 299.

**Schasseln** (schass'ln, schäass'ln), vrb., *einen zurückweisen, derb abfertigen, fortjagen*. Ueberall is er g'schasselt word'n, d' Bauern hab'n anstatt ein Zulauf, überall ein Ablauf gnummen. n. Eip. 1815, 5, 9. Maxel will spasseln, Anna is gscheid! Si wird in schasseln Komt er ir z' weit. Radl. 1, 149. *Häufiger in der Zusammensetzung* abschasseln. Alli häm wäs kriagt, nur den häms' ä'g'schäasselt, weil a' so u dummer Kerl is. W. 's Bilied hab i schun abgeb'n g'habt, folgli hab i keins mehr hergeb'n kinnen, und muesst mi also **abschasseln** lassen. n. Eip. 1817, 9, 32. Wie s' wo bei ein'n Loch ag'schasselt sein, kommens gleich wieder bei ein'n andern Loch zum Vorschein. n. Eip. 1814, 11, 57.

Zun bohln war i guet,
Und an Ändern hätt s' gern,
Und da sollt i nu ausgfeanzt
Und ägschoasselt wern? Kalt. 1, 129.

**Schiessen** (schiass'n), *wie bei* Schm. *In Wien* Schiesser, *Ausdruck für Pferde, die gut laufen*, schiessen lassen, *laufen lassen*. Du ausgezelter, lebzeltener Reiter, hast ja in dein Leben no kane solchen Schiasser ghabt. Schmierl. w. F. Jeder Weaner thuat si an zwa Schiasser g'wöhna, In den Gablkarrn thuat nur a Krampen renna. W. L. Der hat die zwei Jucker schiessen lassen, dass der Pferdhandler die Händ über'n Kopf z'sammg'schlagen hat. H. J. 1852, 6, 20.

**Schuss** (Schüs), *im Ganzen wie bei* Schm. *Ausserdem* a) Schuss, m., *ein Mensch, der ohne Ueberlegung redet und handelt;* einen Schuss haben, geschossen sein, *von einem unstäten, schwankenden, sich übereilenden Menschen;* Schussbartl, m., *unbesonnener Mensch*. Ein Wirth, ein seelenguter, braver Mann, aber etwas zerstreut, ein Bissel Schuss-Bartl. H. J. 1856, 11, 20.

A Schneid hät mein Sabel,
Und an Schuss hät mein G'wihr,

Und a Schneid und an'n Schuss
Häb ab ih, wie-r ih g'spür. Seidl 96.
Kind, dass i oft G'sichta schneid,
Is, wås dih quält?
Wånn a Jaga kan'n Schuss nit hätt,
Dös war jå g'fehlt. Seidl 35.
Schuseln, schuserln, vrb., *unbesonnen, zwecklos, hastig hin und her eilen*;
Schuserl, n., *ein unüberlegter Mensch*,
davon das adj. g'schuserlat und
Schuslerei, G'schuslerei, f.,
*zwckloses Hin- und Hereilen.* I hab
g'hört, dass sö selber an dem Schuserl den Narren g'fressen haben. H. J.
1833, 11, 49. Da is aber nix Schuld
als die Schuslerei. H. J. 1843,
21, 22. Kein anders Papier had er
nid glei g'fundt'n, no so bad er bald
in der Gschusslerei den Brief hergnummen. n. Eip. 1815, 4, 72. So
oft i ein Kellner gruft hab, hat er
g'schrien „glei Eu. Gnadn" und is
fortg'schuselt und hat mi sitzen
lassen. H. J. 1840, 2, 41. Mi hat
das gar nit gwundert, dass da die
Kellner so ummaschuseln. H. J.
1839, 12, 14. b) den Schuss
nehmen, *laufen*. Wann bei mir amal
d' Gall steiget wird, nachher dårfst
gutwillig den Schuss nehmen. Mos.
V. L. 7, 16. Schusslucke, f. (im
Gebirge), *bei einem Zaune die Oeffnung,
wo die Stange hineingeschoben wird bei
Einfahrten in Gärten, Aecker, Grundstücke.* W.

**Schuester** (Schuasta'), m. a) *wie
hchd.* Schuster, der gehende Sch.,
der ewige Jude.
Da gehade Schuesta
Findt a nu sein Rue. Stelzh. 2, 221.
b) *ein schwarzer Käfer, der sich in die
Höhe schnellt, wenn man ihn auf den
Rücken legt, wie auch mit dem Kopfe
schlägt, wenn man ihn zwischen zwei
Fingern hält. Zum Schusterkäfer wird
gesprochen*: A͞ Schuasta͞r is a͞ Kéfar,
und a Kéfar is a͞ Mistvich. W.
Compos. zu a) Schusterkerzen, *eine
Gattung ordinärer Unschlittkerzen.* Mitt'n
auf da Plätt'n steht a messingana
Leuchta mit ana ånzundtna Schusterkirtz'n. Seidl 253. Schusterknåbel, m., *ein Schusterwerkzeug.* Es lage
anstatt des Schusterknübel das
Schermesser auf der Werckstatt. Abr.
Gehab d. w. 25. Schusterkneip,
m. a) *Messerklinge mit krummer Spitze.*
Wann er krumme Finger macht, wie
ein Schuster-Knaipp. Abr. Jud.
1, 39. Hat den Schuster-Kneip
in die Tatzen genommen und damit
das Leder tranchiret. Mala Gall. 6.
b) *Schimpfname für einen Schuster.*
Wann ein Schusterkneip mit ein'm
Kuchelbärn geht, so is dös a eine
Dame. H. J. 1840, 11, 50. Schusterlaberl, n., *ein kleines Brod ordinärer Gattung.* Den Einen füttert
es mit Milchbrod und Kaisersemmeln,
den andern mit Salzstangeln und Schusterlaberln. H. J. 1853, 33, 22.
Schusterladen, m., *Schuster.*
Denn da Salatboldl hat mi heunt b'stellt,
Weil sunst der kekerste Schusterlad'n
fehlt. W. L.
Schusterpapp, m., *Kleister.* So dass
sie, wann s' Nudln macht oder ein
g'riebens Gerstl, nix als den Schusterpapp vor Aug'n hat. H. J. 1840,
11, 51. Schusterrappen, *scherzhaft für die Füsse.*
Wanns gehn verdrüst, dass ihr sonst
müsst,
So reitt auf Schuesters-Rappen.
Abr. Todt. Brud. 23.
Sie sind auf ihr'n eigenen Schuesterrappen nach Haus g'fahren. n. Eip.
1814, 3, 36. Schusterseele *scheint
dasselbe wie das folgende* Schusterspäne. Der war schon mit sein'm
Kopfputz spassig zum Anschaun, weil
er die z'sammgwickelte Schusterseel oder die Schusterspän wie
ein'n Turban auf'n Kopf trag'n hat.
H. J. 1845, 11, 44. Wann auf sein'm
Plutzerschedl vor einer halben Stund
eine Kron von Schusterspän oder
Pappendeckel g'sessen is. H. J. 1845,
18, 24. Schustervogel, *der kalekutische Hahn.* Die Indianer und Kapauner werden nur Schuster-Vögel
genennt. Abr. Huy 31. Der hat

sich ein Indian kauft, oder ein Schusternvogel auf deutsch. H. J. 1858, 4, 21. Hat g'meint von einem Indian oder wälschen Hahn oder wie man im gemeinen Leben in Wien sagt, von einem Schustervogel sei die Red. jst. Eip. 1819, 10, 18. Schusterwasser, n., *ordinärer Branntwein, auch Bier.* Mit ein Wort, wir habens ferm umgehen lassen, und 's Schusterwasser recht sauber abigschludort. Schmierl. W. F. Vielleicht nachher vadrenz (*verdirb*) i mir den Magn mit so ein Schusterwasser. H. J. 1841, 4, 60. Schusterwetter, *schlechtes Wetter.* Jetzt hat endlich 's Schusterwetter aufgehört. Wir habn wunderschöne Täg. j. Eip. 38, 19. Schusterwoche, *Arbeitswoche?* Da kann ich unmöglich eine Schusterwochen passirn lassen, ohne den Herrn Vettern ein Brieferl z' schreib'n. j. Eip. 1803, 5, 9. Schusterzweck, m., *Schusterstift.* Dass nid amahl mehr a Schusterzweck d'ran halt't, wann si's 's Mensch wollt fleckeln lass'n. n. Eip. 1806, 10, 26. 's ist als wann ihnen der Hirnkasten mit lauter Schusterzwecken vernagelt wär, dass s' gar nicht kapiren können. n. Eip. 1814, 5, 30.

Einschustern, sich, *sich einüben, sich einarbeiten.* Der Herr von L. thut sie nehmen, das ist ein Glück. Diese Schusters - Tochter thut dasmal wol nicht einschustern. Abr. Etwas, 762. Bis er sich ins Spassmacherhandwerk eingeschustert hat. j. Eip. 14, 41. Sie habn mich zu ein andern Departimant geschobn, und da muss ich mich erst ein wenig einschustern. Eip. 34, 18. Weil ich noch nicht in den wienerischen Gebräuchen eing'schustert bin. n. Eip. 1813, 9, 15. Verschustern, *schlecht machen, verderben.* Den spielt der brave Operist, der Herr Schuster, der noch nie ein Rolln verschustert hat. j. Eip. 1813, 4, 16. Die habn bhaupt, dass sich der Autor mit sein ersten Anschlagzettel ein Bissl verschustert hat. j. Eip. 1, 8.

*Schatti, *im österr. Jenisch Elend.* Dass i 's also kurz mach, i steig zu, „Kerl!" schrei i, „da is schatti." H. J. 1853, 14, 21. Wann i als Fiakrin mit drei Mode Wag'n Nur an Achter schwächert (*tränke*), Das war mehr als dumm, No da basset's Schatti umadum. W. L.

Schütz, m. (*ä. Spr.*), *ein fahrender Schüler, Schimpf für einen eingebildeten Ignoranten, davon schützerisch und Schützerei.* So ist und bleibt er nach Luthers und nach seinem eignen Urtheil ein grober Schütz und Bachant. Scher. Schr. 1, 637, a. Die sein schuldig daran, das anstat der gelertigkeit und geschicklligkeit eittel barbaries, schützerey, bachanterey und grobe unwissenheit einreisset. Scher. Siehe, wie man gantze Bücher von der Bibel ausreissen müsste, wann das schützerische und lausige Argument einige krafft haben sollte. Scher. Post. 550.

*Fliegenschütz, m., *scherzhafte Bezeichnung der Fuhrleute, die mit schweren Wagen fahren.* Pop. sagt: *sie schneiden den Pferden die Schwänze ab, müssen sie daher gegen die Fliegen schützen.* Die Land-Gutscher, Fliegen-Schützen und Hohenauer. Cod. Au. 2, 310. Güterwagen oder Fliegenschützen. l. c. 1, 74. Das was a Fiaker muss in unsrer Zeit ertragen, Das bringt der grösste Fliegenschütz Mit sechzehn Ross nöt fort. Mos. V. L. '7, 13.

Schlaicken (schlåcka'), vrb., *überall umschleichen, müssig herumgehen, herumstreichen,* ebenso umschlaicken. Wo bist denn schon wider umg'schlåckt? Schlåcka, f., *müssig herumstreichende Weibsperson.* W.

Schlecken (schlècka'), vrb. a) *naschen.* Wann das Weib den Müssiggang liebet, gern schleckt und für das zukünftige wenig sorget. Albert. Hausp. 88, b.

Sie schleckt Möth, i trink a Weindl, Wie 's mein Beutl hält vamåg. Linderm. 142.
b) *sehr häufig für lecken.* Was Gifft und Gall ist, für Honig halten und schlecken und lecken. Scher. Post. 401. Um ein zeitliche Freud schlecken wir die Finger. Abr. Etwas 1, 197. Solche Gesellen (*Schmeichler*) seind wie die Gaiss, welche ein Baum lecken und schlecken. Junge und alte Geiss schlecken gern Saltz. Abr. Etwas 3, 484. Daher die Dümmsten, dö recht Komplimenter schneiden und d' Händ schlecken können, am besten d'raus kummen. H. J. Ausserord. Heft 1845, 16.
Die Wellerln san àlli, bàld hint, bàld voràn.
Jå, die Wellerln, wånn s' kinnten, dö schleckad'n dràn. W.
Abschlecken. Ob der schön is! — Geltens ihnen hat der Murl (*Stier*) abg'schleckt. Mos. V. L. 7, 28. Mir haben völli d' Finger nach ihr abg'schleckt. n. Eip. 1818, 8, 41. Er bleckt a Paar Reihen Wolferl (*Zähne*) her, dass i ihm nid gern mein Hand zu'n Abschleck'n binbald'n möcht. n. Eip. 1816, 9, 4. Hernach hat mir erst traumt, dass mir einander abg'schleckt (*geküsst*) hätten. jst. Eip. 1821, 3, 137. Von dein Linienschiffverdeck wirst unten liegen, dass deine zwei abgeschleckten Meerschweinl (*Pferde*) schiach werd'n. Schmierl. w. Fiaker. Aberschlecken, *herunterlecken.* d' Haut vom Obers aberschlecken. Mos. N. F. 1, 16. Aufschlecken. Der hat seiner Frauen ihren Speichel aufgeschleckt. Abr. Gehab d. w. 273. Ausschlecken. Man solle keinem Freund trauen, man habe dann mit ihm zuvor eine gantze Saltzscheiben ausgeschleckt. Abr. Kram. Lad. 3, 59. Ein mageres, ausgeschlecktes schwefelfärbiges Angesicht. Abr. Jud. 1, 57. Anstatt 's G'frorne mitn Löfferl z' essen, hat er's mit 'n Fingern ausg'schleckt. w. Eip. 9, 6. D' Wiener möchten den letzten Tropfen a no (*aus dem Freudenbecher*) mit den Fingern ausserschlecken. H. J. 1833, 16, 18. Die Buben haben den Kaffeh mit dem Finger von der Tatzen wegg'schleckt. H. J. 1833, 13, 88.
Schleck-schleck! *oder* schlecka'ba'tl! *Ruf, wenn man jemanden wegen einer Unannehmlichkeit, die ihn getroffen hat, auslacht und dabei den Zeigefinger der einen Hand mit dem der andern streicht.* Jetzt können wir den Bonabarti freilich ein Schleckpartl machen. Eip. 34, 26. Ai, Schleckerbarter, ös d'erwischts mi ja gar net. Berla Kathi v. E. 36. Der hat mit 'n Finger ein Schleckerbartl gmacht und glacht. H. J. 1850, 15, 22.
Schleck, m., Geschleck, n., *Naschwerk, das Naschen.* Mit diesen Wunderwerk hat er den Israeliten kein geschleck gebracht. Brentz Pred. m. 8. Eltern, welche ihre Kinder anstatt der Demut, zieglen zur Hoffart, anstatt der Messigkeit zum Frass und schleck. Albert. Hausp. 114, a. Sie bewilligen ihnen allen schönen Geschmack, halten sie und zieren sie zum Schleck. l. c. 150, a. Der Gmeinstier hat sich in den Wald verloffen und is unglücklicher Weis an's G'schleck kommen. H. J. 1856, 31, 17. Schleck *heisst auch das* eclegma, *eine weiche Latwerge zum Schlecken für die Kranken.* Pop. Schleckwerk, n., *Naschwerk.* Dé Leut gébn eanan Kindern àllaweil G'schleckwerk, drum schaun s' so kåsi' aus. W.
Schlecker, m. a) *derj. welcher schleckt, bes. in Zusammensetzungen gebräuchlich.* Weil die noblen Herrn ausreiten, muss so ein junger Schlecker natürli a reiten. H. J. 1837, 1, 2, 17. Tellerschlecker, *Schmarozer.* Dergleichen Kreydenstecher, Federleser, Schmeichler, Fuchsschwentzer, Suppenfresser und Dellerschlecker findt man allenthalben. Albert. Hausp. 168, b.

Dintenschlecker *für Schreiber.*
  Mei Schâz is a Maura,
  A Stoand'lpeckn',
  Und er is ma do liaber
  Åls a Dint'nschleckn'. Seidl A.
  1, 74.
b) *scherzhaft für Zunge.* Den Schlecker heraus! Nun muss der Schwager wissen, dass die Italiener ein'n rechten Schlecker haben, der ging bis an den Brenner. II. J. 1848.
Schleckbisslein, Schleckerbissel, n., *Leckerbissen.*
Nur stâtz schlemmen, demmen, vollsauffen, all schleckerpisslein auffkauffen,
dem fraas und wolleben nachlauffen. Rasch Fast L. F. 1.
Were das nicht ein frommer Herr, der einem Buttler lauter köstliche Richt und Schleckbisslein mittheilete. Scherer Post. 29. Fasten und sich von den schleckerbisslein entbrechen. Nas Concord. 43, b. Sobald der Magen nur ein wenig pfnot, versöhnt man ihn mit beliebigen Schlecker-Bissel. Abr. Lösch W. 11. Der Ehestand hat den Schein, als seye er nichts als süss... ja ein himmlisches Schleckorbissl. Abr. Jud. 1, 12.
Schleckermaul, n. Mir zwaa hab'n si dö Schleckermäuler selber vergift'n lass'n. n. Eip. 1818, 12, 14.
Schleckerei, f., *das Schlecken und Schleckwerk.* Underm Schein der Fasten sein Lust mit Schleckerey büssen. Scher. Schr. 1, 502, b. Dann selbige Zeit der Schleckerey und Wollüsten nicht ergeben war. Dückber 87. Alle üppige Sinnlichkeiten und Schleckerey solte fern sein. Abr. Todt. Brud. 10. Da habn wir über 100 Speisen zsamzählt ohne die süsse Schleckerei. j. Eip. 1811, 11, 42.
Geschleckig, geschleckerig, schleckrig, schleckrisch, schleckerhaft, schleckersüchtig, adj., *leckerhaft.* Etliche messig, andere aber gefrässig und geschleckich. Albert. Hausp. 148, a. Der Samson hat ein Honig gefunden, ein geschleckriger Fund. Abr. Gemisch 517. Die süsse Speisen, die verzuckerte Trachten, die schleckerige Possen. Abr. Merks W. C. Geschleckerische Weiber. Talmuth 228. Gott hat nicht Gefallen an schleckerhafften Speisen. Abr. Gebab d. w. 126. Du grober Phantast und schleckersichtiger Tölpel. Abr. Gemisch 24.

*Geschlader, Geschlater (G'schlåda'), n., *verächtlich für schlechtes Getränk, auch von Suppe, Milch, Koffee u. s. w.* I bin ein gut's Glas Wein g'wohnt, nit so ein G'schlader. H. J. 1850, 24. Wann 's Märzen nit von Eisen (*gut*) wär, müsst man auf dös G'schlader von Lager ein Gingers (*Branntwein*) drauf setzen. H. J. 1860, 4, 4.
Weil s' ihr Mili hat a Lader
Und ihr Obers g'schimpft a G'schlater.
H. J. 1838, 3, 2, 43.
I kann ohne diesen Gersteng'schlader (*Bier*) sein. W. L.

Schledern (schlèda'n), vrb., *mit flüssigen Dingen umspritzen, etwas im Wasser hin und herschwenken.* Einen mit Wasser anschledern, das Wasser verschledern, mit Wasser umschledern, die Mauer mit Blut anschledern. (*Das Stroh wird, bevor es auf die Dächer gebracht wird, geschledert, d. h. in Leimwasser eingetaucht.* Pop.) Das Wasser wird durchs Tragen aus dem Schaffel geschledert. H. J. 1858, 3, 8.
  Und wånn åf'n 's Reserl
  Erst schledert amål,
  Då is hålt ma Bacherl
  So glückli ållmål. Gartner 62.
Die Maurer schled'ern die Pemseln absichtlich auf die Strassen ab. H. J. 1855, 29, 16. Kartoffelkauer und Rumfortsuppen-schläderer. n. Eip. 1818, 4, 13. Schlederhaus, *Wirthshaus.*
  Mit die Zithernschlager lass mi nur g'schwind aus,
  Denn suachst in was immer für an'n Schlederhaus,
  Find'st kan'n, der nur a weng was klampfeln kunnt. W. L.

*Hierher gehört auch das in* Kaltenb. Pant. *oft vorkommende Wort* Slőtergrueb, Sletergrueb, f., *Grube oder Graben auf der Gasse vor den Häusern, die unreines Wasser, Mistbrod u. s. w. dem Bache zuführen, auch Düngergrube.* Wer machet ein schláter grueb oder ein hauffen (1450). Kaltenb. Pant. 2, 8. Slecht ain Man ain Slotergrueb, der soll sy nicht lenger offen lassen steen unz an den dritten tag (15. Jahrh.). l. c. 1, 579. Das alle Sláttergrűeb oder wasserrunsen nicht lenger sollen offen steen bis an den dritten Tag (1512). l. c. 1, 332.

Geschleder (G'schlèdá), n. a) *das schledern.* Da hab'ns a G'schláder in'n Wasser verbracht. n. Eip. 1818, 10, 23. b) *wie Geschlader.* D' Soss zun'n Fleisch is oft a G'schleder. n. Eip. 1817, 10, 69. Statt'n Holländerthee wird ein G'schleder servirt. Hopp Atl. 19. Dass i was kräftigs in Magn krieg, denn das wassrige G'schleter bringet mi um. H. J. 1838, 2, 8, 16. Sie gibt do nid gar aso a G'schleder, wie die andern Millikuranzerinnen. n. Eip. 1818, 6, 16.

Schledrewienket (schledraweánkad), adj. *und adv., nicht ganz gerade, verdreht.* Wie d' Brucken so schledrewienket dahingeht. n. Eip. 1814, 7, 38. A Paar Individi, dő hab'n ihnern Weg a Bisserl schledrewienked g'macht. n. Eip. 1818, 8, 11. Als wann sie ordentli alli schledrawienked'n Physianemien heund z'samverschwor'n häd'n. n. Eip. 1817, 11, 42. Um unsern Kridafabrikanten in seiner schledrewinket'n Lag a Biss'l ausz'heitern. n. Eip. 1818, 6, 21.

Schludern (schlůde'n), vrb. a) *schlottern, besonders von fetten Leuten, deren Fleisch bei jeder Bewegung zittert, dann auch bei Kleidern;* Schluderbauch, Schmerbauch, schludarat, schlotternd. Báld druckt 's mi, báld reisst 's mi, Báld schludert und schlőgelt ma's Hirn. Linderm. 172.

Schlamp'n heisst a Person, dő auf ihr Kladung so weni aufmerksam is, dass alles an ihr nur hängt und schludert. n. Eip. 1819, 1, 51. Si had 'n ganzen Tag nix als 's Hemed und a Unterkiderl an'n Leib und da schludert und wageld alles an ihr. n. Eip. 1817, 5, 77.
Rund z'rissen und z'fetzt
Wár dás schludarat Weī'. Alb. 437.
Da Mötzga fábt d' Köchin,
Dős schludarat Drum,
Und draht s' ötlige Mál
In da Stubn umadum. Stelzh. 1, 165.
b) *schlingen, schlucken.* Die müsst so viel Dukaten haben, als sie ihr Leben schwarzbrennte Kerndl zerribener hinunter g'schludert hat. jat. Eip. 1819, 7, 23. Wir habens ferm umgeben lassen, und 's Schusterwasser recht sauber abigschludert. Schmierl. w. Fisker.

*Schlamant, m., *Geliebter,* Schlamantin, f., *Geliebte.* Vier Hemder hab i für mein Schlamanten braucht. H. J. 1834, 21, 32. Ich ruf mir mein Schlamantin ausser, die E. H. J. 1833, 13, 54.

Schlamass, f., Schlamassel, n., Schlamastik, f., *verdriesslicher Handel, Unglück, nach Schm. das italienische* schiamazzo *von* schiamare *aus* exclamare. Dő über das Unglück von die Andern lachen, sich lustig machen, wenn s' sehen, dass Einer in einer rechten Schlamass steckt. H. J. 1840, 6, 20. Ja, ja mit dem verdammten Schreiben is schon Mancher so ins Schlamassel kommen. W. Theat. R. 9, 6. Wir brauchen ein jährliches Plus, damit wir aus unsern Schlamassel herauskommen. H. J. 1851, 19, 16. Endli is mir das Ding do z' viel worden und i hab g'schaut, dass i aus der Schlamastik ausserkummen bin. H. J. 1836, 1, 2, 30. Mordionfetzen Schlamastik, *ein mehr scherzhafter Fluch. Im Scherz steht* Schlamastik *auch für Koth.* An den Häusern is kein Pflaster, und will man über d' Strass'n gehn, so fallt man bis auf den Wadel in Schlammastik eini. H. J. 35, 1, 2, 28.

**Schliem**, m. (d. Spr.), *sieh* Schm. *In den Pantaidingen von Kaltenbäck kommt dieses Wort häufig vor und auch sonst anstatt des Glases in den Fenstern. Bedeutet es in Oel getränktes Papier* (Austria 1847, 21), *oder eine durchsichtige, dünngegerbte Haut?* Das nyemant dem andern seine Vensterpret, thür, gleser oder schliem hin in stossen sol. Kaltenb. Pant. 1, 14. Welcher ainem wirt gläser oder schliemb fräflich zerwurff oder präch. l. c. 1, 534. Welcher einem wirt seine Assachgläser oder schliem zerwurff. l. c. 1, 47. *Ebenso* 1, 4. 1, 28. 1, 20. 1, 39. 1, 52. 1, 60. 1, 69. *u. a.* Darein bracht man erst Pengk Tisch und Schliemb für die Fenster. Herb. Biogr. 121. Kein Schliemb fur die Fenster. Herb. Mosc. R, 4.

\***Schlumpern** (schlumpa'n) vrb., *sich hängend hin und her bewegen.* Der Bauch schlumpert vor Hunger.
Wem thaint a sodel d' Hals, a sodel d' Goda schlumpern? Linderm. 99.
Wänn's Röckel schlumpern thuet, und 's Mieda weicht,
Aften is's Sitzen guet, äft gschiecht ain'n leicht. Linderm. 50.
Und wänn i auf den Tänzbodn geh,
So schlumpert ma' da' Bauch. W.

**Schlump'l**, f., *eine beleibte Weibsperson, die gern mit Männern umgeht, herumschlampt.* W.

\***Schlendriren**, vrb., *schlendern.*
Viel Menscher nåch 'n Båch,
Wånn i asi schlendrir,
Schrein mar aus bon Fensta:
Geh eina zu mir. Stelzh. 2, 169.

\***Schlung**, m., *auch* Schlungrër'n, f., *Schlund, Speiseröhre. Wenn beim Essen etwas in die Luftröhre kommt, sagt man:* Es is ma' wia in unrecht'n Schlung kemma'.
Das Krüg'l 5 Kreuzer, das is schon a Freud!
Das is gar ka Geld bei der Zeit,
Und weggeht 's so schnell, 's wann man 's z' schenken kriegn thåt,
Als ob a Jeder zwa Schlung eing'hängt hätt. W. L.
Und da Schlung, sägn dö Båda,
Is a lödanö Rehrn. Wagn. 35.

**Schlungezen** (schlunga z'n), vrb., *bei* Schm. beben, *habe ich nur in der Bedeutung* schlucken.
Da Martil båt schon g'schlungazt,
Vo Hunga ållweil g'wårt. A. W. Ged. 5.
Heunt früeh håbnt d' Leut schon gmungatzt,
Mein Hansel hätt si nachts in Most vaschlungatzt. Linderm. 72.

**Schlinken**, vrb., *schlucken.*
Do haimen müst er wasser trinken,
den wein so knollet hie thet schlincken, Schmelzl L. 266.
Ihre Mäuler wacker klingen,
Weil im Trincken sie geübt.
Jene doch das Wasser schlincken
Diese aber gern Wein trincken. Abele Unordn. 5.
Friesz, dass nicht mehr kannst sagen Pfaff,
Vor Schmacken, Schlincken, Schlampen. Talmuth 117.
*Derselbe Satz bei* Abr. Jud. 1, 57.
Faule Weiber gehen schlincken, schlancken, und legen die Hände in den Schoos. Abr. Narrennest 2, 44.

**Schlunk**, m., *Schluck.* Von diesem Brunnen hat er einen so guten Schlunck gethan. Abr. Kram. Lad. 2, 219. Aus dem Brandwein macht das alte Muetterl so andächtige Schlünckl, dass ihr die Augen übergehen. Abr. Laub. 2, 116.

\***Schlantander**, m., *Liebhaber.* So war hald der Schnaunzbartler mid ihnen da, so dass 'n die ganzi Badnerweld für ihnern Schlantander g'halt'n had. n. Eip. 1818, 10, 62.
Und was sagt denn der Mann derzuc, leid't er ihr denn a so an 'n Schlantander auf der Seit'n? n. Eip. 1818, 10, 27.

**Schlenzen** (schleāz'n), vrb., *träge gehen, nachlässig, müssig herumgehen, schlendern*. Welche underm schein der häuslichkeit und Arbeitens, vil merers kosten und anwerden durch ihr arbeiten, weder zuvor durch ir müssiggehen und schlentzen. Albert. Hausp. 197, b. Zu solchem End schlentzen, schweifen und durchstreichen sie alle gassen. l. c. 94, a. In dem Junio macht man sich bereit auf den Juli und fänget an den Lentzen mit Schlentzen zu complementiren. Abr. Etwas 3, 479. Sie thäten nichts als faullentzen und schlentzen. Abr. Kram. Lad. 3, 57. Sobald die Töchter anfangen herumzufliegen und in die Ferne zu schlentzen. Mala Gall. 260.

Er schlienzt vor'n Oxnau,
Wier er Erdöpfl führt. Gartner 91.
Schlienz affi gögns Holz,
Suech man Schätz oda spiel. Stelzh.
2, 81.
Aft schlenz i wieda stinkfaul dabi,
B'suech Kiritåg brav und 'n Wochamårk. Stelzh. 1, 157.

Habn hundert Jahr herumgeschlenzt,
Bis wir habn die Zeit vertrenzt. Bucher 6, 273. So haltet sie zu Hauss, verbietet ihnen das Hin- und Wiederschlentzen. Mala Gall. 162.

An' Mensch'n sei' Herz
Dees is ei'gspirrt går guat,
Dass 's nit rumschlenzen thuat.
Kob. Schnad. 88.
's war a für'n Hiesen bösser, er årbatat, stått dass ar umschlienzt. Stelzh. Ged. 303. Gut ist es, wann der Vatter dem Sohne das Faullentzen und Umbschlentzen verbiet. Abr. Jud. 2, 78.

Bi' gå' weit umag'schlöenzt
In da Welt ohne End. A. W. Ged. 76.

**Schlentzer**, m., *Müssiggänger*. Ein Pentzer und Schlentzer wie andere. Abr. Etwas 3, 234.

So gangs mit dir a
Båld Niem pfiff mehr und sung,

Båld ma d' Spielleut und Schlenzer Zun Arbaten zwung. Stelzh. 2, 82. Müssen die guten Patres die Wochen etlich solche Faullentzer und Gassen-Schlentzer abspeisen. Quot. cap. 308. Der gantze September wäre nichts, dann ein lautere Vacanz-Zeit, wann sie der Schlentz-Teuffel und der Vacanz-Teuffel nicht trübe machte. Abr. Etwas 3, 484.

**Schlappen**, f. (ä Spr.) a) *Maulschelle*. Zu offtermaln der Teuffel Lust hat in solche zu fahren, oder ihnen sonst mit Ergernusz der Umbstehenden ein schlappen gibt. Scher. Schr. 2, 203, b. b) *Haube, Kappe*. Sie vermeynen, dass ein jedes inen auss dem Weg weichen und die Schlappen vor ihnen abziehen müsse. Albert. Landst. 1, 313. Die Haube, bei Männern auch mit dem Beisatze „mit der Slappen" bezeichnet. Die Infuln gelten bei ihm nicht mehr als die Schlappen und andere Kappen. Abr. Todt. Cap. 111.

**Schlappertein**, *scherzhaft für Latein*. Sonsten redt dises Büchel sowol in Schlappertein als auch in unser Mutter Sprach. Abele Met. Vorr. 1. Mancher redet lauter Latein, Wann er schaut in die Kandel Wein, Wann aber hin und durch der Wein, So schweigt das ganze Schlappertein. l. c. 1, 237.

*Schlepp, m. a) *wie hchd. Schleppe*. Ein einziger Page, der der Primadonna den Schlepp nachgetragen. Hsn. 1, 125. 'n Schlepp von ihnern Kleid, 'n rheinischen Buod, had ihnen d' Schlacht bei Leipzig abg'schnid'n. n. Eip. 1815, 6, 18. Hab ich einer Fräule, die vor mir hergstiegn ist, ihrn ganzen Schleppschwaf wegtreten. j. Eip. 27, 27. b) *dasjenige, was sich anhängt, Nachtrag, der Ueberguss bei Kaffeh und besonders bei Chocolade*. Hat mir den eleganten Schlepp bschriebn, der sich mit Gwalt an d' Nobless anghängt hat. j. Eip. 3, 6. Herr Vetter und Frau Mahm, Göd und Godel, Nachbar G'vatter und der ganze Schlepp von guten Freunden. H. J. 1845, 16, 24. Sein Schlepp zu sein'n Trauerstuck. n. Eip. 1814, 8, 22. Bei den Konzerten kummt immer eine Zuwag, wie der Schokolud in den Kaffeehäusern mit'n Schlepp. H. J. 1846, 4, 31.

Schlepphaube, f., zweitheilige, gespitzte Haube der Weiber, jetzt schon selten. Da hab ich die Ehr ghabt mit lauter gnädigen Frauen in Schlepphauben z' tanzen. j. Eip. 26, 6.

Ochsenschlepp, m., Ochsenschweif. Die Frau Verwalterin bringt ein Pasteten und der Verwalter ein Ochsenschlepp dazu. H. J. 1834, 26, 53.

\*Schlorkeln, vrb., stammeln. Das schlorcklende Gelall der Kinder macht ihn böss. Abele Unordn. 5, 23.

\*Schlurpff, m. (ä. Spr.), Schlund. Es sahe gleich als ob Himel und Erd einfallen und zu grund gehen wolte, und in ein schlurpff einsincken werde. Rasch Erdbid. D. 1. Diss ist jenes ubel, welches mit auffgethanen klüfften die äcker und felder schlickt, offt gantze Städt verschlurpfft. l. c. E. 2.

\*Schlutzen (schlûz'n), vrb., schlüpfen. Aussischlûz'n, herausschlüpfen; aufschlûz'n, die Erde, dass die Körnersaat, z. B. der Burgunder, durchbrechen kann. W.

Schmucken (schmucka'), vrb., Intensivform von schmiegen. schm. sich, sich schmiegen, sich andrücken, auf einen kleinen Platz beschränkt sein. Wenn er fleugt, sö smuckt er sein füez an sein prust. Meg. 186. Sö er sich nåch der praiten an daz ertreich smucket. Meg. 247. Einen swarczen schilt darinne uberregk ein geschmuckter gelber Frosch für sich gekeret (1467). Chmel reg. 503. Schmuckt und tuckt euch ihr ungeschickte Esel. Muchitsch Paed. 1. Haben sich alle müssen schmucken und geben über dise Brucken. Abr. Todt. Brud. 15. Geduldcn mustu dich, mein Bruder, im Ehestandt, schmucken und ducken mustu dich. Albert. Hausp. 143, a.

Hån mi gschunden und gschert Und gschmogn und gschmuckt, Då håm s' mar an Buem zun Soldåt'nlöbn zuckt. Stelzh. 3, 93.

Der is åwa glai' wida' z'ruckkcma', båd in Schwoaf ai'zogn'g, und håd si' z ubi g'schmuggt zu sé. W.

Schmuck, m., der Druck. Der alte liesse hierauf dem Herrn Nicola einen drei Seidel Becher mit Wein reichen, welchen er ohne Schmuck ohne Druck ohne Bartwisch rein aussoffe. Abr. Geb. d. w. 181.

So sågt da Ris, geht hin zun Nöst, Und schlickt in Schneida drauf, A Schmuck, a Druck, unt is a gwöst, Er stesst 'n går nit auf. Sengschmitt.

\*Schmèdachs, m., verächtlich von einer Sache gesprochen, wie Schmåm. Dås is a' wårå Schmèdachs. W.

\*Schmafu, m., ein verächtlicher, schlechter Mensch. So müessen wegen a so a Paar miserablichen Schmafouen d' ordentlichen Kaufleud in ein'n sauern Apfel beiss'n. n. Eip. 1815, 3, 48. Is das eine Nächstenlieb — das is bei mir a Schmafu. Mos. V. L. 1, 59. Das is m'r aufs Herz g'fall'n, dass s' 'n armen Eipeldauer für ein'n so ein'n Schmafukerl halt'n kinnen. n. Eip. 1819, 4, 5. Schaut's dös Schmafuvolk an. H. J. 1849, 18.

\*Schmagezen (schmågaz'n) ist wohl ein verstärktes schmatzen.

— is z' erst in d' Luft g'flog'n, Åft, dass s' gschmågatzt båt, g'fåll'n und g'lög'n, wier a Höppin, a pröllto. Stelzh. 297.

\*Schmalz'l, n., auch m., eigentlich ein Mensch, der so gewiss geschmalzen oder geschmiert reden kann, ein sehr beliebtes Wort in der Bedeutung Liebling, Günstling; auch von Sachen. Wåll schon 's kleanasti Buaba'l, ia'n Schmalz'l, in d' Und'n aini schmaissa. Ziska M. 54.

So hupfet bålt hübsch lüfti Åls 's Schmalzel von Åll'n. Seidl 128. D' Glassie iss hald schun amahl mein Schmalzl. n. Eip. 1816, 1, 38.

Mein **Schmalzl** unter den Aufsätzen iss do glei der ersti. n. Eip. 1816, 3, 18. **Schmalz'l** *ist auch eine angenehme Eigenschaft des Weines, wenn er beim Kosten gleichsam fett zu sein scheint.* Ein'n Gumpoldskirchner mit ein'm Grüchl, Altl und **Schmaltl**. H. J. 1845, 4, 29. Hat mit der Zungen g'schnaltzt, wann er an das Altl, Grüchel und **Schmalzl** denkt hat. H. J. 1844, 12, 19.

\***Schmarunken**, vrb. Man wird wenig mehr solche Paulas finden, die neben dem Müssiggang offt in der Wochen von einem Wirthshaus in das andere herumb **schmaruncken**. Mula Gall. 402.

\***Schmarunkes** (**Schmäarunkes**) leiden, *Noth und Elend leiden.* Die net unsern Rath befolgt, Unnütz nur das Geld verdalkt, Die soll sich mit uns net g'freun, Kann **Schmarunkes** leid'n. W. L.

\***Schmiralien**, plur., *selten* **Schmiral**, *das, womit man schmiert, insbesondere Bestechung.* Allerhand Medicamenta, **Schmiralien**, Pulver und Tränke. Abr. Etwas 3, 929. Ich, sagte der Oel-Baum, trage eine stattliche Frucht, dass ich die gantze Welt mit **Schmiralien** bestriche. l. c. 3, 286. Die 5 weise Jungfrauen werden dargestellt mit 5 brinnenden Amplen, das ist ein Zeichen, dass keiner in den Himmel komme, es seye dann, er bringe **Schmiralien** mit sich. Abr. Reim dich 30.
Nichts hilfft **Schmiral**, noch Capital, Noch mit Gold g'füllte Rantzen. Abr. Todt. Brud. 18.
Man weiss, dass offt **Schmiralien** die besten Entschuldigungen sind. Abr. Weink. 459. Solle man im Gericht wegen hoffender **Schmiralien** ein Stimm wider sein Gewissen geben. Abr. Etwas 2, 2. Man hört so viele Beispiele, dass man überall solche **Schmiralien** sucht. H. J. 1843, 10, 19. *Auch* **Schmirali-Rauch** *und* **Schmirali-Saft**.

Und halben theils erkalten **Schmiralli-Rauch** Geschwindt du gebrauch, Du kannst es noch erhalten. Abele Met. 3, 68.
**Schmiralli-Safft** Hat grosse Krafft, Macht das Recht fortlauffen. l. c. 1, 135. Sie wurde mit **Schmirali-Safft** curirt, besser corrumpirt. Abele Unordn. 2, 36. Von beiden zanckichten Partheyen nahme er **Schmirali-Safft**. l. c. 4, 393.

**Schmirkeln** (schmirk'ln, schmirg'ln), vrb., *nach Schmalz unangenehm riechen, ranzig sein.* Der **Sterz schmirk'lt**, *beim Auslassen des Speckes entsteht ein* **schmirkleter** *Dunst*. Es **schmirckelt** und stincket um ihn. Scher. Post. 399. Es (*das Buch*) **schmirckelt** und brimslet sehr nach einem Melanchthonischen Componisten. Scher. Forts. d. Fr. 76. Das hinfallet **schmirckelet Schmaltz** des Mahomets. Nas. Conc. 108, b. Er speckelt, dunstelt und **schmiorkelt**, als wär die Schmaltz-Tesen sein ordinari Herberg. Abr. Narrennest 1, 79. Der mit Kuchlen umbgehet, der **schmerglet**. Abr. Jud. 1, 178. Da **schmirkelts** und räukelts, als wann man in einer Bratelbraterhütten wär. n. Eip. 1814, 3, 45. So nimm i di bei dein'n **schmirkleten** Ôhlplutzer und beutl' di. Mos. V. L. 7, 36. Ein Ordinarikerz'n sei nix als a dicker Dacht, der in a Bissl a **schmirklidi** Fett'n eintunkt iss. n. Eip. 1815, 10, 18. D' Pasteten hat **gschmirkelt**. j. Eip. 1808, 4, 8.

\***Schmasant**, m., *ein Schimpfwort.* Wöllen selbst erwegen, wie vermessen diese grobe Würtenbergische **Schmasanten** und Bengel. Muchitsch Paed. 2, 91, a.

**Schmiss** (Schmis), m. a) *Schlag, Streich.* Das traurige Miserere mei Deus wurde von denen Musikanten mehrers gebeult als gesungen, entzwischen gaben die beharrliche und glaschende **Schmiess** wacker Blut. Abele Unordn. 3, 157. b) *Die Schnur von einer Peitsche, besonders das Ende derselben.* Die Peitschen geht grād übers Wagendach, und der unten angebundene sogenannte „**Schmies**" kommt grad in's G'sicht der schlimmen Buben. H. J. 1851, 33, 8. Er hätt mir, weil i schon die **Schmiesen** verkost hab, a den Peitschenstiel z' kosten gebn. H. J. 1840, 12, 55. Nutz dein'n **Schmiss** — 's Ross is faul. Stelzh. 3, 123.

c) *Unannehmlichkeit, Verlegenheit.* Zu der Pulizei woll'ns gehn? no da bringet'ns mi in a sauberi **Schmiss**. n. Eip. 1815, 4, 82. I wir mi schun verdeffendir'n, ohni dass du derbei in d' **Schmiss** kumst. n. Eip. 1815, 4, 65. Der eam aus den **Schmiss** då aussaraissnd. Ziska M. 55.

A Freund, der a währer,
A rechtschiffner is,
Der lässt di nöt stöcka
In da Schmier und in **Schmiss**.
Stelzh. 3, 107.

*Redensart:* Im **Schmiss** haben, *im Sinne haben.*
M. Wås båst denn åft in **Schmiss**?
H. Kumödi thain ma spieln. Linderm. 21. Den **Schmiss** geben einem, *ihn zu Boden werfen, hinauswerfen, verlassen.*
I hab schon g'glaubt, da bin i g'wiss,
Daweil beim Thor gibt s' mir in **Schmies**. W. L.
Drauf gibt s' (*die Höckerin*) ihm gleich in **Schmies**,
Dass 's Gschwuferl wie ein Baling unter's Standel kugelt is. W. L.
Warum gibt mancher Springinsfeld der Liebsten glei in **Schmiss**? W. L.

*\*Schmiss, m, ein Ueberrock, im Wiener Jenisch Anzug, Tracht; ein kecker* **Schmiss**. Da hat der Geitzhals sein abg'schabnen **Schmiess** umghenkt. j. Eip. 15, 37. Das Jahr hab'n d' eleganten Herrn statt ein Kragn auf ihrn **Schmiss** fünf Kragn aufeinander gtragen. j. Eip. 39, 9.

*\*Schmis'l, Schmiserl, Schmisettel, n., franz. chemisette, das Vorhemd.* Er hat die Gewohnheit unterm **Schmiesl** ein grossen Brustfleck z' tragen. H. J. 1839, 11, 12. Dem muss i ein **Schmisl** falteln. H. J. 1844, 5, 46. Da tragn 's ein kurzs **Schmisserl** dazu. j. Eip. 1807, 11, 20. Nachdem kumbt erst das g'schlungeni oder g'stickti **G'schmis'l** drüber. n. Eip. 1816, 1, 54. D' Schlingerei oder Stickerei bei den **G'schmisetl**. n. Eip. 1816, 1, 55.

*\*Schmosen, schmusen, Wiener Jenisch, reden, plaudern.* Schmuserei, f., *Gespräch.* Ös habts leicht **schmosen**. Es glångt halt nöt. Mos. V. L. 7, 54.

Z' erscht hab'n wolln völli raufen,
Itzt **schmosens** schon von Saufen. l. c. 7, 59.

*\*Schmoiseln, vrb., schmeicheln.*
Und wir i åft bes,
Oda håld a so thue,
Bue, då schaut a zun **Schmoiseln**
Und rödt mar Ains zue. Stelzh. 2, 157.

Du schmeichlhåfts Dirndl,
Du **schmoislats** Ding. l. c. 2, 222.

*\*Schnabeln, schnabuliren (schnablir'n, auch schnablir'n), vrb., wacker essen.* Wird eingeladen zu einer Mahlzeit, worbey er auch erscheint, gablet und **schnablet** wacker darauf. Abr. Jud. 1, 447. Wann sie in dergleichen gelegten Luder am besten **schnabuliren**, zieht sich die Maschen zusammen. Mala Gallina 108. Wenn die Vögel bei'm Futter sitzen und **schnabuliren**, singen sie nicht. Bucher 5, 75. Ain'n, so **schnäblirt** a, rinnt d' Fessten intan Koi zsämm. Stelzh. Ged. 347. Wo nid musizird und tanzt, g'**schnablird** und pokulird wird. n. Eip. 1817, 8, 17. I hätts mit einer solchen Delikatess **schnablirt**, wie ein Feinschmecker eine Trüffelpasteten. H. J. 1846, 19, 28. Compos. Wie's die fünfte Semmel anbricht und die ganze Leber **aufschnablirt**. H. J. 1843, 7, 47. Hat man sein Werkzeug, kann

man doch mitschnabuliren. Bucher 4, 236. Die wunderschönen Trauben verschnabuliren. H. J. 1860, 44, 13. Si haben sich über die Würst herg'macht und habn alle zehn Schüsseln zsammschnabulirt. j. Eip. 1811, 1, 46. Fräulern, dö ganzi Bibliotheken von Romanen z'sammschnablirt. n. Eip. 1815, 3, 63.

**Schnebeln** (schnêw'ln), vrb., *umherschnellen, um sich schlagen, schnell hin und her bewegen.* Der Fisch schn., *wenn er aus dem Wasser kommt,* der Hase schn., *wenn man ihn bei den Ohren hält,* die Katze schn. mit den Füssen, *wenn sie sich daran brennt;* mit der Hand schn., *wenn man sich brennt oder gestochen wird.* Höbt's Grundl aus und lässt 's a weng schnöbeln in Lüften. Stelzh. Ged. 386. *Besonders* umschnebel'n *oder* umaschn., *herumschlagen, wie ein Fisch mit dem Schwanze.*

    An ånderna Tånz
    Und an ånderna Bue!
    Für dein umschnöblads Herz
    Is oan Umdrahn schon gnue. Kalt. 2, 26.

In ana Wail san d' Fiass ab unruawi woarn — da gånzi Kearl håd endli umagschnöbld wia da Fisch ån da'r Ångl. W. Gesellsch. 6, 133. Håt umag'schnebelt åls wånn a narrisch war. Seidl 271.

Schnebler, m., *Schneller.*
    Aft thuet er an Schneblar
    Und schwimmt mir davon. Spaun.
    Denn kam schatz i's g'stillt
    Und roat's z' tiefst abödruckt,
    An Schnöblar und umdrahts
    Und aufa kimmts gruckt. Wagn. 17.

*****Schnack'n**, vrb., *milder Ausdruck für stehlen.* I håb eana a pår ålti Ladn g'schnackt. W.

*****Schnudi**, m., *ein Schimpf, nicht sehr beleidigend.* Evakathel und Schnudi, *eine Parodie von Hafner.* Vor all'n hab ich begehrt, dass er den Schnudi den W. aufkündt. n. Eip. 1818, 3, 60. Auf d' letst hat der Schnudi gar g'stichelt. jst. Eip. 1820, 9, 414. Da iss aus manch'n Goscherl a Stadschnudi oder a Mistkerl aussergflog'n. n. Eip. 1816, 12, 29.

**Schnaufen**, *wie* Schm. g'schnauft, *stolz, hochmüthig; Schimpf, besonders für Frauenzimmer.* Itst schauts die G'schnaufte an, macht die Gans sich nöt wichti. Mos. V. L. 6, 61.
Feinden die Freundin an
Und heissen s' a G'schnaufte, wenn s' alt is, a Fee. l. c. 8, 63.
Na hörst du G'schnaufte,
Lisel du z'raufte,
Du derfst erst was sag'n. W. L.
Den hundert so G'schnaufte nit schönirt hätten. H. J. 1844, 14, 24. Was schickt er denn alle Wochen so ein andern G'schnauften daher? H. J. 1841, 3, 10.

**Schnofeln** (schnöf'ln), vrb., *durch die Nase reden, näseln, bezeichnet auch das Herumriechen und Schnuppern des Hundes, sowie das Herumspüren beim Menschen, der seine Nase überall dabei hat.* Der Teufel schnofelt immer, *wenn er spricht. Schon im 16. Jahrh.* Der hundt hab geschnofelt, aber sie wiss nicht, was er aigentlich geschnoffelt hab (1583). Schlag. N. F. 2, 92. Hab sie böse in der Kuchel auf die Erden geworfen, hab die Anndl seltsamb geschnoffelt und mit vil Tausend Sacramenten gescholten (1583). l. c. 2, 96. Sie hab auch gehört, dass der Teufel zue der Anndl gesagt hab: Mein Anndl, du bist mein, und was er als anderst geschnoffelt, hab sie nicht können verstehen (1583). l. c. 2, 99. Hat auch weiter diese Red von sich geschnoffelt und hören lassen. Scher. Schr. 2, 198, a. Sie weinte bitterlich und schnofflete vor eingefallner dicken Nasen-Feuchtigkeit, ich, ich will schwören. Abele Unordn. 2, 281. Nachmals schnofelt ihr Nasen wie ein verdorbnes Clavicordium. Abr. Weink. 205. Sie schnofeln wie der Teufel im Kreuzerspiel. Hain. 2, 12.

Da wird er glei schwoafeln
Und **schnofeln** in dir. Kalt. 1, 175.
Aber da Hund, da Soldl, bleibt stehn und **schnofelt** zum Gehsteig. Misson 8.
Dä **schnofeld** da Daif'l: Ih muass di' hol'n. Cast. 184.
Dés bād ar aso durch d' Nås'n g'**schnof'ld**, das ma glai' g'wisst bād, wer er is, *nämlich der Teufel.* W. Diese ordinären Stücke sind eine Qual für mich, **schnofelt** die Frau von Knofel. W. Theat. R. 75, 27. Weil er von Natur **schnofelt**, hat der Sprachmaster Hoffnung, dass er in ein paar Monat wird parliren können. Eip. 31, 24. D' Sturmglocken hat stark g'**schnofelt**. n. Eip. 1814, 2, 43.
Compos. **Abschnofeln**, *abschnuppern, ausspüren.* Es gibt Häuser, wo der Dienstbot erst das bekommt, was der Hund oder die Katz **abgeschnofelt** hat oder stehn lasst. H. J. 1860, 39, 19. Die hat die Tischl mit der Nasen **abgschnofelt**, um z' wissen, ob s' wirklich von Makeroniholz sind. w. Eip. 12, 10. Da hab i neuli den Hauptmark auf der Seilerstad **abg'schnof'ld**. n. Eip. 1816, 6, 21. **Anschnofeln**, a) *beschnuppern.* Der Hund hats allewoil **angschnoflt**. H. J. 1839, 12, 64. Der hatn so **angschnoflt** wie sein Hund, den er mit sich ghabt hat. H. J. 1841, 5, 39. Er kriegt die Resteln, die 20 Personen schon **ang'schnofelt** haben. H. J. 1856, 23, 5. Dass nur d' Leut von Kopf und von Verdiensten von neidischen Geistern **angschnofelt** und angfeindet werden. j. Eip. 22, 26. b) *näselnd anreden.* Ich spiele diese Rolle nicht, **schnofelt** s' uns alle zwa an. H. J. Auss. Heft 1842, 14. Sunst hätt i die auf die Goschen g'schlagn, wie s' mi **ang'schnofelt** hat. H. J. 1839, 1, 42. **Ausschnofeln**, *ausspüren.* Es gibt in Wien eine Menge Pflastertreter, dö überall herumgeben, um alles **ausz'schnofeln**. H. J. 1842, 5, 31. Der alle Häferln **ausschnofelt**. H. J. 1859,

46, 13. Liess er meine Brief nicht von der ganzen Welt **ausschnoffeln**, so könnt ich leichter schreiben. jst. Eip. 1820, 10, 458. **Beschnofeln**, *beschnuppern, scharf untersuchen.* Alles wird **beschnofelt**, eh er 's frisst. H. J. 1845, 12, 33. Was durch solchene giftige Zungen beleckt und be**schnofelt** und bespöttelt wird. H. J. 1838, 2, 2, 23. Ach, die Natur in ihren wunderbarsten Wirkungen be**schnofeln**, ist die edelste Beschäftigung. W. Theat. R. 21, 32. **Durchschnofeln**, *durchspüren, untersuchen.* **Herausschnofeln**, a) *durch Spüren finden.* Dass die Jüdin das billigste **herausg'schnofelt** hat, versteht sich von selbst. H. J. 1854, 26, 6. b) *näselnd reden.* Ös dürfts do aus voller Brust reden, und müssts nit zwischen die Zähn' was herauswispeln und **herausschnofeln**. H. J. Auss. Heft 1845, 12. **Herumschnofeln**, *herumschnuppern, suchen.* Dass der Hund seine Schnauze, die an allerhand Orten **herumschnofelt**, in's Glas taucht. H. J. 1860, 5, 18. Hat Zucker im Busen stecken g'habt, was die Miss Baba schon muss gwusst hab'n, weil mitn Rüssel zum **umaschnofeln** angfangt hat. H. J. 1840, 8, 18. Wer weiss, wo sö überall in Bad'n u**merschnof'ln** werd'n. n. Eip. 1818, 10, 68. I fang aus Zeitlang an in der Zeitung **umerz'schnofeln**. H. J. 1833, 14, 17.
Dös **Umaschnofeln** duad koan guad, Han, Lenzl, fāss d'r amähl an Muad,
Und nim da a Wai'. Cast. 111.
**Hinausschnofeln**. Geh'n wir in's Wirthshaus — dann gehen wir z' Haus und **schnofeln** a bissel in d' Kuchel hinaus. W. L. **Hineinschnofeln**. Was **schnofelst** denn dä eini? W. **Nachschnofeln**, *nachspüren.* Das Albernste ist das g'wisse **Nachschnofeln** nach den Privatverhältnissen einer Tänzerin. H. J. 1853, 30, 4. **Umschnofeln**, *mit der Nase herumspüren, suchen.* Und der Jux geht nit aus, wann man allerweil dort **umschnof-**

felt, wo er z' finden is. H. J. 1852, 44, 7. **Vorschnofeln**. Wanns denen Leuten so was Französisches vorgschnoflt hat. H. J. 1845, 3, 12. **Zuschnofeln**, (*vom Teufel*) *reden*. Er schnof'ld eam glai zua: Wås flenst denn so, mein Bua. Cast. 286. **Schnoferl** (**Schnöfa'l**), n., **ein Schn. machen**, *die Nase zusammenziehen*. a) *um zu tadeln*.

> Ja, da muss selbst der noch lachen,
> der wie b'stellt zum Schnoferl machen,
> über Dinge,
> schwer und g'ringe,
> d' Nasen rümpft
> und Alles schimpft. W. L.

b) *aus Aerger und Verdruss*. Wie ihm der Wirth in der Früh die Rechnung bringt, hat er ein Schnoferl g'macht. H. J. 1850, 29. Soll der Empfänger ausser'n Porto a no ein Straf zahlen, so macht er ein Schnoferl. H. J. 1851, 43, 4. **Schnöflat**, adj., *durch die Nase redend, ein Schimpf*. Ob denn d' Franzosen ihner schnoflete Sprach schon im Himmel eing'führt hab'n. n. Eip. 1815, 4, 33. Die gwissen schnofleten Literatoren zerspringen vor Gall. H. J. 1841, 8, 59. So schnoflete **Radebubn**, da glaubns, sie können unser eins nur so bagatellmässi behandeln. H. J. 1839, 12, 37. Is däs a g's**chnofleter** Ding. W. **Schnofler**, m., Obst stad bist, du französischer Schnofler. H. J. 1839, 3, 46. **Schnoflerei**, f. Da machen Sie sich patzig mit Ihrer französischen Schnoflerei. H. J. 1843, 15, 20. Dé Schnoflerei va'steh i' nit. W.

*****Schnappsen**, bei Schm. schnippsen, vrb., *entwenden, stehlen*. Freilich müssens die geschappsten Zieg'ln, die manche Wirth als Zahlung annehmen, a mit dazurechnen. H. J. 1845, 19, 32.

**Schnarchen**, vrb. a) *wie hchd.*, b) *mit rauhen Worten anfahren, gegen etwas derb sprechen*. Er zog eigner Person hin mit grossem Grimmen, Schnarchen und Blasen. Scher. Post. 142. Warumb schnarchest du also wider das Latein? Scher. Fronl. 145. Ey du elender Tropff, was redest du, wer bist du, dass du dich unterfangest, wider den höchsten Gott zu schnarchen? Abr. Jud. 4, 359. Indeme nichts gemeiners ist, als schmählen, schnarchen und übles reden von dem Nächsten. Abr. Laub. 3, 393. Nach vielem Murren und Schnarchen. Abr. Jud. 2, 488. *Daher* **Schnarcher**, m., **Schnarchrede**, f., **schnarcherisch**, adj. Da liegt auff dem Boden der stolze Eysenbeisser und Schnarcher. Scher. Post. 144. Ein ungedultiger Schnarcher. Abr. Gemisch 297. Mit bittern und Gallsüchtigen Schnarch-Reden. Abr. Jud. 1, 117. Ein schnarcherischen Verweiss geben. Abr. Jud. 2, 21. Dem gab er ein schnargerische Antwort. Abr. Weink. 278. **Anschnarchen**, a) *mit rauhen Worten anfahren, wie bei Grimm, dazu noch ältere Belege*. Die Weingäns bellen und schnarchen jederman auff der Gassen an. Scher. Post. 601. Das schnarchet er an und helt es für ein vergebenen Unkosten. l. c. 180. So machens die Menscher, haben lose Goschen, rumpeln und schnarchen die Frauen an. Abr. Narrennest 2, 86. Ich muss ein wenig den geitzigen anschnarchen. Abr. Merks W. 50. b) *anschnauben*. Ein Schwein würde dich mit seinem Rüssel anschnarchen. Abr. Lösch W. 30. **Beschnarchen**, a) *wie anschnarchen. Diese Bedeutung fehlt bei Grimm, obwol sie sich im Judas sehr häufig findet*. S. beschnarchet auch Transubstantiation dess Brots und Weins. Scher. Fronl. 104. P. hat sein Beschnarchen willig und mit Freuden angenommen. Abr. Etw. 2, 615. Einen jeden hat dieser Spottvogel ein Klämpffel angehängt, fremder Leut ihre Thaten beschnarcht. Abr. Gehab d. w. 25. *Ebenso* Abr. Jud. 1, 115. 1, 95. 1, 168. Der Bär beschnarcht den Gesellen über und über. Abr. Jud. 3, 413. b) *belauschen.* Die Weiber wollen alles wissen, alles beschnarchen, alles begucken, alles belecken. Abr. Laub. 1, 55. Seynd deren sehr viel, so die mindeste Unvollkommenheiten der Geistlichen mit doppelten Brillen beschnarchen. Abr. Jud. 1, 153. Judas war ein gewissenloser Beschnarcher und unverschämter Ehrabschneider. Abr. Jud. 1, 424.

**Schnurfen**, schnurpfen (schnorfa), vrb., *selten einfach, häufiger in der Compos.* einschn. *und* zusammenschn., *von Sachen gebraucht, die, wenn sie nass geworden sind, sich zusammenziehen, wie Schuhe, Tuch, Leinwand, eindorren, Falten bekommen, eingehen.* Sie seye worden wie ein Schlauch, der vom Reyffen eingeschnurfft. Stöckler 1, 355. Sie hat eingeschnurffte Ohren. Mal. Gall. 433. Meini Wadl'n, dö amahl wie a Paar gschoppte Eipeldauergäns ausg'schaud hab'n, sein so eing'schnurft. n. Eip. 1819, 4, 13.

's Herz togatzt und d' Löbern schnurft ein. Linderm. 174.

Wann man recht fastet, startzet der Bauch nicht darvon, sondern schnurpfft zusammen und wirdt kleiner. Scher. Schr. 1, 502, b. Wann schön ist eine zusammengeschnurffte Sau-Blattern. Abr. Jud. 4, 162. Dass ihme der Magen zusammengeschnurpfft wie ein alter Stiffelbaln. Abr. Jud. 1, 68. Das Gesicht ist zusammengeschnurpfft, wie ein nasses ledernes Hosen-Geschirr, so bey dem warmen Ofen gehängt. l. c. 3, 514. Ihnen schnurfft der Hals wie ein Saitten auff einer Bassgeigen zusammen. Abr. auf ihr Chr. 65. Mein Herz is mir so z'samm g'schnurft, wie ein Fingerhut. H. J. 1833, 18, 47. Schau'n die Zierbengeln aus, kasig und z'samm g'schnurft, wie ein alter Glacehandschuh. H. J. 1841, 1, 51.

Is da Goam schon so sper
Und nusstrucka da Schlund,
Dass a, wänn i 'n nöt nötzat,
Ma zämschliefa kunt.
Er schnurfat ma zsämm
Wier a Schuch, der nie g'schmiert,
Nie eingwoackt, nie putzt
Und nie äg wäschen wird. Wagn. 34.
Der Geist muss sein Nahrung hab'n, sonsten schnurft er z'samm. W. L.

*****Schnurkeln** (schnurk'ln), vrb., *räsonniren.* Er häd ällawal wäs z' schnurk'ln. W.

**Schnitt** (Schnid), m. *Aus der Bedeutung* Ernte *ist die bei Schm. nicht angegebene schon im 16. Jahrh. nachweisbare Bedeutung Gewinn, unrechtmässiger Gewinn, Uebervortheilung hervorgegangen, die noch immer sehr üblich ist.* Von diser Tauscherey haben sie ihr grötstes Einkommen und meisten Schnidt. Scher. Schr. 1, 118, b. Die Tändler haben keinen bessern Schnitt als bey Frauen und Jungfrauen, die gerne neue Kleider haben. Abr. Etwas 3, 779. Die Bauleut machen ihnen darbey den besten Schnitt. l. c. 3, 485. Da hat s' also, ohne wirklich z' betteln, täglich ihrn guten Schnitt gmacht. j. Eip. 21, 42. Wann sie 's recht zahl'n müess'n, da hald'n mir erst unsern Schnidder mid. n. Eip. 1818, 5, 9. Der hat schon sein Schnitt dabei g'habt, denn er hat uns schön eing'fadlt und ang'setzt. H. J. 1841, 5, 32. Wenn ich Güterdirektor werde, will ich meinen Schnitt schon machen. Wenn man den Esel an die Krippe stellt, soll er fressen. W. Theat. R. 73, 12. Der Geldschnitt muss sein guten Gang fortgehn. j. Eip. 28, 7.

**Schnätzeln** (schnaz'ln), vrb., *klein schneiden, schnitzeln.* Abschnaz'ln, *küssen.* Die Alte hat ein Tinterl mit etliche Zwanzig immer vor alle Leut abg'schnatzelt. H. J. 1854, 87, 11. Er hat ihr die Handerl abbusselt und abg'schnatzelt. jst. Eip. 1820, 441. *Oder vielleicht von Schnauze?*

Beschnaz'ln, *etwas verschneiden, verringern.* Beschnazelte Dukaten, Zwanziger, Kreuzer. Weil er mit Gwalt ein Türk sein will, werden s' ihn wohl bschnatzeln. w. Eip. 8, 8. Weils eng heund oder morg'n engern Rebach b'schnazeln wird. n. Eip. 1816, 7, 42. Dö wirklichen Juden haben oft mehr Kristenthum, als dö unbeschnazelten Rabiner. n. Eip. 1815, 3, 50.

*Schnáxen (Schnäx'n), plur., *Possen, Albernheiten, lustige Streiche.*
  Mäch Fäxen und Schnaxen
  Treib Gspoass illahånd. Wagn. 5.
Häd ar an Gspaiss dreing'mächt, ift Schnaxen zun Hautauflåcha. Stelzb. 1, 105.
Selm voll Schnaxen und Gspaiss mäg a licha, dass si ålls schüdelt. Stelzb. Ged. 319.
I saget: machts kane Schnaxen,
Suost brich i an d' Haxen. W. L.
Ja der Mensch mit'n Geld, der regiert in der Welt,
Er kann machen Schnaxen mit dö Maxen (*Geld*). W. L.
Kommts nur und mächts uns
Dås Gachnaxtweri für. Stelzb. 3,186.

Schrecken, *wie bei* Schm. *Aus der Wienersprache sind besonders nachzutragen* Schreckstein, m., *und* Schreckenberger, m., *für Schreck oder das, was Schrecken verursacht.*
Das is a Bitz von Erdberg,
Der in Schreckstan gar nit kennt. W. L.
I bin a Raffer, mi butzt kaner a,
Wo i nur hinkumm, san d' Schreckstaner da. W. L.
Mir scheind, der Badkommissari war der Schröck'nberger, ders aso abduscht hat. n. Eip. 1818, 10, 25. Es kummen auf einmal zwei Bataillons Infanterie, die nöthige Kavallerie und einige 6pfündige Schreckenberger ang'ruckt. H. J. 1848. Jüdische Spekulanten haben den Leuten ein' Schreckenberger gesetzt. H. J. 1859, 19.

*Schroignen, vrb., *erschrecken.*
  D' Buem — dö traznan
  Iebl und schroignan an Eicht. Stelzh. Ged. 354.
Schrenken, *quer legen, setzen, stellen, auch über einander, verschränken.* Mit namen ain gelben Schild, darinne 4 plab geschrenkt lilgen (1442). Chmel reg. 135. Zwen schwartz aufrecht vischangel mit den bindern zwein teiln uber einander geschrenket oder gewunden (1465). l. c. 439. Einen roten schilde, darinn zwen goldfarb klymend wölf mit geschrenckten swentzen (1466). l. c. 481. Entspringende darausz zwen gelb geschrenkt stamen (1466). l. c. 492.
Compos. Beschrenken, *einen in seiner Freiheit.* Hat er in gewundet unter dem antlucz oder hat in beschrenckt oder gelempt ein lid (18. Jahrh.). Tomasch. Stat. 123. Einschrenken, *einschliessen.* Als dieser die Stadt mit einer harten Belagerung eingeschräncket. Abr. Gemisch 428. Ein Kind, noch im Mutterleibe eingeschrankter. Abr. Merks W. 5. Dass er bald mehr eingebildete Liebste zehlt, als alle Sultanen in ihrem Seraglio eingeschräncket haben. Quot capita 18. Die plumpen Füss müssen eingeschrenckt werden in Schuhlein. Mala Gall. 87. Überschrenken. Die Sonne regiert gleichwol die Welt durch ungerade überschrenckte Weg. Abele Unordn. 5, 224. Ein nacktes Kind mit ubergeschrennckten fussn (1474). Chmel reg. 670. Umschrenken. Ich streck zu dir beyd' Händ von mir,
  Mein Schatz, dich zu umschranken. Abr. Merc. 486.
Es ist keine Gestalt, die diesen unumbschriebenen Gott könnte umbschrencken (Neitsch) Betracht. 57. Verschrenken, *mit Schranken umgeben, einengen, verstricken.* Junge Stamb holtz zu Verschrenckung ihrer Wiesen und Felder (1683).

Schmidt Bergges. 5, 180. In Eyl die Grenitzen und pass dits landt... verschranken. Zeibig Ausschuss 344. Die thonaw was die weyl vast gestossen, davon wir uns uberall verschrenckten (1408). Archiv, 7, 240. Darnach zu schürffen und zue bawen frey und unverschränkt (1606). Schmidt Bergges. 4, 281. Zu nicht weniger Verhindernuss und Verschränckung Unseres Saltz-Verschleiss (1702). l. c. 5, 392. Ist doch nichts so vermäntelt, verbändelt, versteckt, verdeckt, so versenkt und verschrenkt, das deine göttlichen Augen nicht sehen. Abr. Laub. 1, 136. *Noch jetzt ist* verschrenken *in Wien ein beliebter Ausdruck für einsperren.* Wann i an den Herrn seiner Stell bin, so bist du auf ja und nan verschränkt. Mos. V. L. 7, 31.
Wer in Wag'n net den Tarif einihängt, Der wird ohne Umständ glei verschränkt. W. L.

**Schröten** und **Schröt** *wie bei* Schm. *Ich nehme mir ein paar Worte heraus.* Bainschröt, m., *Verletzung eines Knochens.* Pluetrunsen, Peinschrat oder ander dergleichen handlungen (1455). Zahn Bannt. 56. *Davon* bainschrötig (bā͡schrädi), *jetzt nur noch in der Bedeutung von bedenklich, gefährlich, ungeschickt üblich.* Von einer jeden painschredigen Wunden ze wandln l. ff. D. (1557). Kaltenb. Pant. 2, 43. Supprament, der Fäll is banschradi. Seidl 277. Wo die Bauern Muster von jener Race sein, die man mit einem österreichischen Ausdruck banschradige Leahnln nennt. H. J. 1858, 2, 18. So ein banschradiger Bauernschädel. H. J. 1854, 37, 7. Ich hab allen Respekt vor Ihrer Erfindung, aber Sie verderben sich die Sach mit einer solchen banschradigen Ankündigung. H. J. 1841, 4, 42. Wann i öfters in's Hochdeutsche kumm und find' dass 's banschradig ausg'fall'n is. H. J. 1843, 19, 3. Der Brief hat ein banschradigen Styl gbabt. H. J. 1841, 7, 4. Unter ein' kralawatscheten Daderlantsch versteht man in Österreich ein banschradigen schelchweankaden, gagelbamenen Hoambertreantsch. H. J. 1851, 33, 16. Zueschröter (Zuaschrǟda'), m., *nicht ganz dasselbe wie Fleischer, sondern Hausfleischer, z. B. bei Hof oder bei Klöstern. Diese erhielten dann manchmal die Erlaubniss Fleisch zu verkaufen.* Befehlen allen Stadt- und Vorstadt-Fleischhackern und Zuschrotern bei unsern eigenen und andern Hofstätten wie auch Clöstern. Cod. Au. 1, 100. *Daher* Zuschräd, *die Fleischbank für den Hof.* D' Kais. Fleischbank, die s' Zuschratt nennen. j. Eip. 1809, 1, 33.

**Schwach,** wie Schm. *Redensart:* aber schwach, *wenn man etwas in Zweifel zieht oder verneint.* K. Die hat g'wiss Aner im Wagen liegen lassen. R. Aber halt schwach! dass du dös glei kennst. Mos. V. L. 7, 19. Und das sind die Herren der Schöpfung! Das is das starke Geschlecht! — Aber schwach. H. J. 1854, 35, 12. Er schreit: Wir haben den Kredit im Sack. Aber schwach! hab i g'sagt. H. J. 1842, 7, 6. Aber da wird's ja binnen kurzen anders sein? Ja — aber schwach. H. J. 1851, 29, 3. Erschwachen, derschwachen, *schwach werden.* Mir sein alli Glieder so derschwacht, dass i ka Wort weider schreib'n kann. n. Eip. 1816, 12, 80. Findt den armen Herrn so derschwacht, dass er mid knapper Noth hat red'n kinnen. n. Eip. 1819, 4, 41. Sie iss völli derschwacht übern Kaffehsack umig'sunken. n. Eip. 1817, 5, 81.

*****Schwächen,** *im Wiener Jenisch trinken,* einen Schwächer halten, *trinken,* Schwächbais, *Gasthaus.* Er is in aller Frueh vor lauter schwächen schon so terpett, dass er hin und hertamelt. Mos. V. L. 7, 21.

Sapperlot, du Salerl! hörst, das is a
rarer (*Wein*),
Und das Altell Sapperment, du schwächst
an Zwarer. W. L.
Dass mein Alte hat in Kruag g'numa,
Und in Schwächer halt't in aller
Frua. W. L.
Halts engern Schwächer, paschts
und thuats dudln. W. L.

*Schwefel, m., *Zorn, Aerger, Verdruss*. Wer aber ein entsetzlichen Schwefel kriegt had, das war mein Herr Schwefler. n. Eip. 1816, 11, 6. Der had da drüber ein'n Schwefl, dass er si gar nid kennd. n. Eip. 1818, 6, 54. D' Leud hab'n bald schon ein'n Schwefl g'habt, dass s' doppelti Leggeld zahl'n müess'n. n. Eip. 1817, 4, 4.

Schwuf, G'schwuf, m., *Zierbengel, Stutzer, Liebhaber, meist verächtlich*. Die Madln hab'n sich, statt an die reichen Batschen, an elegante Schwufen ang'macht. H. J. 1842, 4, 31. Er tragt si so g'wiss aufg'wixt, wie unsri Gschwuf'n in der Vorstad an ein'n Sundag. n. Eip. 1815, 12, 68. Ein G'schwuf ist ein Mensch, der gern einen Kawalier spielen möcht, dem man aber die Noth und das, was der Anzug verdecken soll, ansieht. H. J. 1837, 1, 1, 76.
Das Maderl is hinter die Ohr'n no ganz nass,
Und hat schon an G'schwufen. W. L.
Mein Madl die hat sie halt g'alterirt,
Dass sie jetzt ihr'n Gschwufen verliert. W. L.

G'schwuferl, n. dim.
Wann a Gschwuferl durch die Gassen streicht,
Und scheppert mit'n Geld. W. L.
Einer das war gar a Hauptgschwuf. n. Eip. 1813, 10, 19. Statt ein bildsaubern Affen ein anschiechen blitzdummen Modeg'schwuf. Hopp. Atl. 12. Wann i glei g'schwuf'nmässi ang'legt bin, so hab i do so was Bienk'nhafts in mir. n. Eip. 1815, 11, 50. Kummt ein Mann herein, den Hut ganz keck aufn Kopf, eine Reitgarten in der Hand und nach der letzten Mod ganz g'schwufenmässig anzogn. H. J. 1839, 1, 46.

Schwager, m. *Der Liebhaber einer Frau wird in Oesterreich des Mannes Schwager genannt*. Der Herr hat einen Straussenmagen, um einen solchen Menschen ist Schad, dass er nicht verheirathet ist, denn der halt etwas auf einen Schwager. Hafn. 1, 171. M. (*vor sich*) Schatz? — das ist schon so viel, als ein Viertel Schwager zu mir. Hafn. 3, 100.

*G'schwäglat, *hin und her schwankend*. W.

*Schweigel, m., *verbreiteter Ausdruck für Rausch*. Wer kann denn reden mit dir, wenn'st all'weil ein'n Schweigel hast? Mos. V. L. 3, 19. Neulich hat einer, der ein klein Schweigl g'habt hat, seine Zech noch einmal zahlen wollen. H. J. 1854, 34, 17. In der Silvesternacht is Einer nach Haus gewankt mit einem ungeheuren Schweigl. H. J. 1860, 2, 5.

Geschwollen (g'schwoll'n), adj. und adv., *sich aufblähend, aufgeblasen, grossthuend, nichtig, schal, albern, besonders von Reden, hohles Geschwätz*. Schon seit dem 16. Jahrhundert: Wenn der Mensch sich hoffertig und geschwollen empfindet. Fabri. O ir stoltzen und geschwolnen Fantasten. Erhard Widert. 23, a. Was sie sonsten für auffgeschwollne hochtragende und übermütige Leut seyn. l. c. 19, 1. So eines geschwolnen Hirns und schwachen Verstandts. Grets. Lastw. 37. Wie ist dem auffgeschwolnen König Xerxes ergangen. Abele Met. 2, 21.
Und sitdem is 's frei aus,
Und bist nu mehra g'schwolln,
Und hietzt wissen ma nimmer,
Wie ma rödn mit dir solln. Kalt. 1, 72.
D' blitzer Vikdurl, mei' g'schwollne Parthi.
Und dö Grebondl wart a schon auf mi. W. L.

Wir hab'n, weil 's Leben gar so
 g'schwolln,
Uns schon aufhängen woll'n. W. L.
So ein'n dummen Liedertext,
So g'schwoll'n, so matt gibt's gar
 kein'n mehr. W. L.
Sein dös g'schwollne Reden in dem
Stück, dass' ein'm völli den Mag'n
umkehrt. H. J. 1837, 2, 1, 14.
Wann der nur nöt so g'schwoll'n
daher plauschen that. Mos. V. L.
2, 19. Jetzt red'n s' oft so öd und
so g'schwoll'n. Seidl 196. Ein
geschw. Vorschlag, eine geschw.
Ausrede, geschw. Ansichten.

*Schwemm, f., *im Gegensatz zum Extrazimmer dasjenige Zimmer eines Gasthauses, welches für die ordinären Gäste bestimmt ist.* Das Extrazimmer hat eine gläserne Scheidewand von der Schwemm. H. J. 1837, 3, 2, 11. Ganz natürli macht der Wirth z'erst in der Schwemm seine Aufwartung, eh er in's Gast- und Extrazimmer kummt. H. J. 1837, 3, 2, 10. In einem Wirthshaus is eine demokratische Invasion aus der Schwemm in's Extra-Zimmer vorg'fallen. H. J. 1851, 44, 7. Weil er sich unter die Kneipen, mit denen sich der Wirth in der Schwemm unterhalt, nit hinsetzen wollt. H. J. 1845, 13, 31.

Schwanern, vrb., *schwatzen, verführerisch reden.*
 I denk mar: ös Plauscher!
 Rödts zue in Gottsnäm!
 Denn wäs schwanern so d' Leut
 Auf da Welt nöt Alls z'sämm. Kalt.
 2, 40.
 A so häds' mi dackt
 Und häd gschwannert und glogn.
 Stelzh. 2, 5.

Schwund, m., *das Schwinden, die Abnahme, besonders von einzelnen Gliedern des Körpers.* Wann nid gar auf d' letzt der Schwund darzue kumt. n. Eip. 1814, 10, 71. Nachdem ihneri Füess in d' viert'n und fünft'n Stöck steig'n müess'n, dass sie ordentli 'n Schwund krieg'n möcht'n. n. Eip. 1815, 12, 7.

In Ohrn häb i 's Stech'n,
In Händ'n in Schwund,
Und 's Reissn in Füess'n,
Aber sunst bin i g'sund. Sengschm.
Da Däm kän si nöt rühr'n, da Beutl
hät 'n Schwund. Linderm. 123.
Bettstäd, wo m'r alli Nacht durchfalld, weil d' Bredl drin an'n Schwund leid'n. n. Eip. 1816, 2, 48.

*Schwinge, f., *aus Holzspänen geflochtenes, unten halbrundes Gefäss.*
 Wia-r-i' will in's Wirthshaus gé,
 Will a Seiterl trinka,
 Steht däs buklad Manderl dä
 Mit da goldan Schwinga. W.

Schwung, m. Redensart: In Schwung kommen, *sich schnell in Bewegung setzen.* Und du Trottel — schau, dass d' bald in Schwung kommst, mein Alter braucht niemand, der auf mich aufpasst. W. Theat. R. 68, 14. Bürscherl, schau, dass du in Schwung kommst! Lass mein Weib in Ruh. l. c. 37, 29.
Jetzt hebts eng, jetzt drahts eng und kommt's bald in Schwung. W. L.

*Schweinz, *die Schweiz*, Schweinzer, *Schweizer. Schon bei Suchenw.* Die Sweinczer und die Stat Freiburg widerumb zu den obern landen des Haus Osterreich ze pringen. Chmel mon. Habsb. 1, 1, 22. In einer truhen 170 Schweinzer degen (1519). Schlag. N. F. 3, 54. Er hat ihn mit aller Höflichkeit aus der Schweiz hinaus konvojiren lassen. n. Eip. 1814, 2, 31. D' Schweinzer haben öffentlich ihre Naturalität (*Neutralität*) erklärt. n. Eip. 1814, 1, 50. Schweizer, m., *ein verschnittenes männliches Schwein.*

*Schwipps, m., *Rausch, gewöhnlich ein nicht sehr starker.* Wann sich einer mit ein'm guten Glasl Wein ein'n Schwips trinkt. H. J. 1845, 5, 12. Wie 's ihren Schwipps g'habt haben, nachher seins fidel worden. H. J. 1852, 33, 18. Wann die Bubn ein'n Schwipps kriegn, hernach müssen zum Raufen anfangen. H. J. Auss.

Heft 1843, 38. Mir ist mein ganzer Schwibs verflogen. Kais. Bauernk. 35.

**Schweraok** (⌣ —), m., *bezeichnet jetzt hauptsächlich einen körperlich kräftigen, geistig aufgeweckten Menschen, wird auch gern von Kindern gebraucht, Schelm, Schalk.* Aus der älteren Zeit habe ich nur zwei Beispiele, Abr. Jud. 2, 257. und Albert. Landst. 1, 89, *die schon* Schm. *anführt*. Wie das schöne Weiberl mit aner wahr'n Muetterlieb und Pfleg ihr'n lieb'n klein Schwerack'n beig'sprungen iss. n. Eip. 1819, 1, 23. Er soll erm 's Buchstabir'n und 's Zähl'n lerna läss'n, weil da Schwerak nit au'm Kopf g'fall'n war. Seidl 275. O! ich war auch einmal ein verfluchter Kerl! ein Teufelsmensch — ein Schwerack — ich muss um jeden Preis dieses Verfluchterkerlbewusstsein mir erringen. W. Theat. R. 79, 11. Aber dö Engländer sein hald do Schwerack'n, dös braucht nix. n. Eip. 1816, 1, 79. Trotzdem, dass der Winter ein solcher Schwerack ist, giebts doch Leut, die 's mit ihm halten. jst. Eip. 1820, 2, 84.

**Schwurbeln**, vrb., *sich wirbelnd bewegen.* Wir sein hernach kreuzfidel word'n, so dass mir der Kopf no g'schwurblt hat. H. J. 1843, 22, 33. Alle Erinnerungen aus der Kindheit sind in meinem Kopf herumgeschwurbelt wie Schwalben. Lang. W. V. 1, 44. **Schwurblicht** (schwurblat), adj. *und* adv., *wirbelnd*. Mein'm guten Schuster muss 's do ein Bisserl schwurblet im Kopf vorkummen sein. H. J. 1843, 9, 12. **Geschwurbel** (G'schwurb'l), n., *gemischte, verworrene Menge; Lärm und Getöse durcheinander, Gemurmel, Gesumse.* Ebenso G'schwirblat, n., *und* G'schwurb'lwerk. Wenn man sich denkt, dass da über 20000 Menschen versammelt sein, kann man sich dös G'schwurbl vorstellen. H. J. 1837, 3, 2, 28. Bei den Aufstand und in den G'schwurbl. n. Eip. 1817, 3, 65. Wie si 's Gschwurb'l a Bissel verlor'n had g'habt, hab'n einichi Paarl gar z' tanzen ang'hebt. n. Eip. 1815, 2, 18. Auf einmahl g'schicht a Lärm und a Wurlerei und a Gschwurbl und a Zankerei. n. Eip. 1816, 6, 39. Das is ein G'saus und G'schwurbel, dass man sein eigenes Wort nit versteht. H. J. 1855, 22, 5. Wer einmal seinen Kopf von dem politischen Geschwurbel will ausdunsten lassen. II. J. 1849, 27, 9.

Und a Gschwirblat wird wern,
Wännst dö Junga wirst her'n. Kalt. 1, 84.

Hietzt is also 's Gschwurblwerch ang'gangen, hietzt is bald alles zu der Kirch'n zuepovelt. n. Eip. 1816, 12, 39.

*****Schwarm**, m. (*d. Spr.*), *religiöser Irrthum, Ketzerei.* Was den Flavianischen Schwarm antrifft von der wesentlichen Erbsünd. Scher. Schr. 1, 256, a. Dass in Sachsen der erst grosse Abfall geschehen, ein erzkötzer aufsten und vil schwarms anrichten werde. Rasch Kirh. G. A. 3. **Schwermen**, vrb., *irrige religiöse Ansichten glauben und lehren.* Obs war sey, wie Würtenberger schwermen und verthätigen. Schor. Schr, 1, 219, b. Es ware auff diese weiss der Luther nicht besser worden, sondern hette allererst angefangen zu schwermen und schandliche Bücher geschrieben. Eizing. hist. 324. Dann die Widerteuffer schwermen und narren. Zimmerm. Leichpred. Aber diss (der Geiszler) Sect hat baldt verschwermet und ein Ende genommen. Scber. Schr. 2, 435, b. *Daher* **Schwermer** *und* **Schwermgeister**, *Ketzer.* Unter die Falschglaubigen werden auch gerechnet alle Ketzer und Schwermer. Scber. Post. 314. Bey neuen oder jungen oder gar zu hitzigen gächwitzigen sternsehern, supputisten und schwermgaistern. Rasch Practica 1588. C. 2. **Schwermerei**, f., *Irrlehre, Ketzerei.*

Seht auf, daß unter euch nit sey trennung, spaltung und schwörmerey. Rasch Kirch. G. C. 1. Bei Luther heisset sich bessern nichts anders, als sich seiner **Schwermerey** theilhafftig machen. Scher. Schr. 1, 308, b. Stehet nun bei euch, ob ir mit meinem Catholischen Glauben wöllet selig werden, oder in ewer schwermerey, spaltungen und irrungen sterben. Leop. Pred. 83.

**Schwarten**, f., *wie* Schm. *Davon* **abschwärteln** *und* **ausserschw.**, *durch List ablocken*. Wo sie sich mit dem patzet machen, was so ein guter Mensch in seiner Einfalt sich hat abschwarteln lassen. H. J. 1838, 3, 3, 34. Wann's s Geld den Ältern ausserz'schwarteln wissen, kann das unmögli gut thun. H. J. 1832, 4, 25. **Beschwarteln**, *betrügen*. Der Bauernstand, der, wann er einer kumd, uns Stadtleud alli Marktäg so beluxt und **beschwartelt**. n. Eip. 1818, 5, 23. Wie die K. ihrn Herrn beim Zögerlgeld b'schwarteld had. n. Eip. 1817, 12, 47.

**Schwaiss** und Schwaissen, *wie bei* Schm. *Dazu* **anschwaissen**, vrb., *anlöthen*. Nur dös weiss i nit, ob ein Gelehrter d'rauf kummen wird, dass man den Butter anschwaissen kann. H. J. 1845, 2, 11. Sich **anschw.**, *sich an jemanden machen*, *zudringlich sein*. Der (Torquato Tasso) sich an eine wellische Prinzessin hat anschwassen wolln, der si so eindögelt hat bei ihr mit seine Gedichter. Mos. N. F. 2, 21.
Mir schwassen uns fast üb'rall an,
's mag uns do kane zum Mann. W. L.
**Angeschwaisst**, *betrunken*. Der Herr Gemahl, auf ächt praterisch z' reden, schon sauber ang'schwasst. H. J. 1845, 13, 9.

**Spaichen** (spoacha'), vrb., *ausschreiten*. **Ausspaichen**, *scharf ausschreiten*. Wann aus schon amahl durchganger is, so schbacht 'r nachar schon aus was graizmögli is. W. Gesellsch. 6, 111.

**Fürspaichen**, *vorwärts schreiten*.
Åva z' Liechtmäosen endling,
Då ströckt si der Tåg,
Und da spoacht er so für,
Wia a Hirsch springa mag. Kalt. 1, 171.
Drauf kam's mer in d' Waicha,
Kunt kam mehr fürspaicha. Linderm. 173.

**Spaichon**, f., *die Füsse, besonders dünne, auch Schritte*.
A Sprüngerl, a klains,
Jå, a Grückerl na gråd,
Wånn Ains längare Spaichen
Als Unserains håd,
Brauchts. Stelzh. 2, 85.
Mit a zwoa a drei Spoacha
Is er draust bei der Thür. Kalt. 3, 145.
Dås is a rechte Spoacha (f.), *langfüssige magere Weibsperson*. W.

*****Spechten**, vrb., *schauen, lauern, warten*. Auf was spechtens denn? I möcht ein Liebhaber zu dir machen. H. J. 1835, 4, 2, 33. Den ganzen Garten bin i ausg'loffen und in allen Winkeln hab i herumg'specht. H. J. 1832, 2, 20.

*****Spinspeck**, m., *die feinste Art des Tombaks*, *welche dem Golde sehr ähnlich ist; diese Benennung stammt nach* Pop. *von dem Erfinder, einem Engländer*. Der zum Burschen spricht, das sei nur ein spinnspeckenes Ringel. Mos. V. L. 4, 75. Weil seiner Liebsten Treue statt gülden nur spinnspecken war. l. c. 4, 76.

**Speick**, m., *bezeichnet im Hochgebirge zweierlei Pflanzen: a) der weisse*, Valeriana, *auch* spica celtica, b) *der rothe*, Achillea clavenna. Schoss. N. Glossar.
Jå drob'n auf dö Berg',
Wo da Speick åbibångt,
Då lernt ma schon guat thain
Und bet'n a weng. Seidl A. 2, 71.

**Spicken**. vrb., a) *wie* hchd., b) *heimlich zahlen, bestechen*. Wann man nicht stets schickt und spickt. Abr. Merc. 256. Auf dös is alles nix, was man von Spendiren schon ghört hat, denn dass man durchs Spicken a das

Recht zu bedln erhalten kann, dös wär no kein Richter eing'fall'n. H. J. 1847, 10, 35. Der Heurige kennt kein Partheilichkeit, er lasst sich nicht spicken. Raimund 4, 325. Die nit spicken wolln, denen presst man das Fett selber heraus. H. J. 1847, 2, 27. c) *sehen, lauern*.
Du spickst auf an'n Anda'n,
Lieb's Derndal b'steh'n ein. Seidl 63.
Compos. Abspicken, abspickeln, *einem heimlich etwas absehen, ablauschen, besonders bei Schulaufgaben, ablernen.* Dann sie fürwahr von den Mahlern das meiste abspicken. Abr. Etwas 1, 454. Er muss glauht hab'n, der 's abg'schrieben hat, will ihm was abspicken. H. J. 1846, 6, 10. Er hat mir mein ganzen Styli abg'spickt. j. Eip. 1, 5. Hätt sich mancher Künstler was draus abspicken können. j. Eip. 2, 4. A Modi, dö m'r von'n Franzosen abg'spickeld hab'n. n. Eip. 1816, 5, 43. Das zarte Benehmen hab i von ihnerer Mali abg'spickt. H. J. 1835, 1, 1, 11. Anspicken. Indem er ober dem Kopff dess wol Abgemahlten ein grosse Narren Kappen mit vilen Hörnern und Schellen angespickter gemahlt. Abele Met. 7, 1. Durchspicken. Das rosenfarbe Fleisch mit den schwarzen Körnern durchspickt. H. J. 1847, 19, 32. Eine uralte Bekanntschaft mit Liebe durchspickt. Hopp Atl. 39. Unterspicken, *sehr häufig seit dem 16. Jahrh.* a) *untermischen, ausstatten, ausschmücken.* Man schnit ime den kamp ab, pald hueb er an zu krüen, ich sahe den Kamp, wardt recht mit Eyss underspickt. Herb. Mosc. Y. 1. Er besetzt die thor mit Walben und unterspickt von seiner Parthey. Hung. Chr. 43, a. Es sol wol ein Christliche freudigkeit in unserm Gebett sein, aber mit rechtschaffner demüthigkeit unterspickt und gemiltert. Scher. Post. 285. Diese Worte unterspickte er mit einer gar kurtzen, doch sehr andächtigen Betrachtung. Lamorm. Ferd. 27. Ein auffgebutzte, mit Fablen und sinnreichen Sprüchen unterspickte Predig. Abr. Jud. 1, 101. Die schöne Kleydung des Gnaden-Bilds ist mit häufigen guldenen Stern unterspickt. Abr. Gack 32. Die Gruenen Wiesen mit allerley Blumen unterspicket. Abr. Huy 141. Die Band, so die Fontange unterspicken, sollen gar aus Lugitania seyn. Mala Gall. 246. Schöne Praesentationes mit gescheidten und närrischen Schwencken unterspickt. Quot. cap. 70. A ganzi Kumpani von Hausherrn mid andr'n Hanarazior'n unterspickt. n. Eip. 1817, 7, 62. Jetzt kommt ein lustigers Stückl, damit mein Brief ein wenig unterspickt wird. j. Eip. 1813, 7, 11. Das Buch ist mit wohlgetroffenen Porträdern von unsern gross'n Männern unterspickt. n. Eip. 1816, 3, 7.

Dö recht brav is und recht g'schickt
Und mit Geld fein unterspickt.
W. L.

*Daher* Unterspick *und* Unterspickung, *f., Dreyhundert Purth Eysen, so der Werkstatt Eusitz zu* unterspick *gewilliget.* Cod. Au. 1, 319. Solliche armirung zu Wyenn oder Prespurg mit underspickung der hungern oder anderer nationen (1540). Oberl. Finanz. 159. b) unterspickt, *etwas fett*. Der lasst sich eine Portion unterspicktes Fleisch geben. H. J. 1853, 34, 17. Er is ein Bissel untersetzt und unterspickt. H. J. 1856, 26, 10. Vorspicken, *vorlügen*. Also hat er ihr wiederum etwas vorgespickt. Abr. Weink. 305.

**Spickel**, m., *ein zugespitzter Knüttel, davon ein Knabenspiel* spickeln. *Ein Knabe pflöcket den Spickel durch einen Wurf in die Erde, die andern trachten ihn durch gleiches Pflöcken herauszuschlagen, dass der ihrige stecken bleibe*. Pop. *In der ältern Zeit auch ein Lappen zum Flicken bestimmt,* spickeln, *flicken*. Ein Bettlersmantel von allerley Lumpen, Lappen, Flecken,

Spickeln und Pletzen. Scher. Schr. 1, 645, a. Ein aus vielen Lumpen von vilen Meistern zusammen ge spickelter Bettlersmantel. l. c. 645, a.

*Gespödel (G'spéd'l), n., Henne, die noch nicht ein Jahr alt ist. G'spéd'l-är, Ei von einer solchen Henne. W.

*Beispiegel, m., fehlt auch bei Grimm, Beispiel, Vorbild. Ein Exempel und Beyspiegel der Römischen Jugent. Stöckler 2, 168. Ist also ein Beyspiegel und Form der Heiligkeit worden. l. c. 2, 194. Ein sonderbarer Beyspiegel der Keuschheit. l. c. 2, 172.

Speil (Spål), m., Schiefer, Splitter von Holz, den man sich in die Haut und ins Fleisch einzieht. Wo bey uns Catholischen ein Splitter oder speil ist. Rasch W. Dan. E. 2.

Wo bey uns catholischen
ein splitterl oder speyl der schålck,
habt ihr entgegn gar tråm und bålck.
Rasch Kirch. G. E. 3.

D' Lateinisch Kirch ist heylig gar,
die guetheit übertrifft aldar
die boshaiten, wan da ist kåm
ein speyl, was anderstwo ein tråm.
l. c. D. 4.

Speilen (spål'n), vrb., durch eingesteckte Späne auseinanderdehnen, z. B. Hasenbälge, Fuchsbälge; auseinander thun, spreiten, breit machen, z. B. den Mund, die Füsse; sich sp., sich sperren, sich stemmen, sich zieren, aufsp., weit öffnen, den Mund, die Augen. Wie schen und wie g'schmacki dass s' d' Arm speilt. Stelzh. Ged. 348.

I waiss, dass i 's Måul
Gwiss mein Löbta so weit
Nimmer afreiss und speil. Stelzh. 2, 10.

Wier åm Kreuzwög a Säuln
Sehts mi dåstehn, haochmächti
Und d' Arm vonånd spailn. Stelzh. 2, 144.

Allas is in d' Kirch'n g'eilt
's Volk håt unta'm Thor sib g'speilt. Seidl 168.

Nå und speilst di a weng, so last schen draust afn Braodsåck. Stelzh. Gd. 360.

Spal di nöt, Diandel,
A Bussel gib mir. Firm. 2, 741.
Daweil i 's Måul afspeil,
Hån i an Unstern g'håbt. A.W. Ged. 11.

Spannen, wie Schm. Wir nehmen nur folgende Worte heraus. Einspännig, adj., auch einsam, vereinzelt, ledig. Das Anhören eines einspännigen verzweifelnden Liebhabers ist für eine gesunde Menschennatur reine Radix Ipecacuanha. W. Theat. R. 69, 27.

Es is völli aus, was a' mit mir alles treib'n,
Und do mag i net a so anspanni bleib'n. W. L.

Wer mi dauert hat, dös war die Königin der Nacht, dö is alleweil einsamig und einspännig umag'schlichen. H. J. 1845, 3, 40. Ein Violoncell hat a ein einspännigen Klagton hörn lassen. H. J. 1842, 1, 32. Lieber verderb'n, als wie einspänig sterb'n W. L. Meine einspännigen Guldenschein hab'n völlig zum Tanzen ang'fangt. jet. Eip. 1819, 7, 24.

Einspänniger, a) in der älteren Spr. ein berittener Zollaufseher, eine Gattung Militär, auch Einspanier. Hat Regierung ihren unterhabenden Einspaniern befohlen, dass sie mit Zuziehung der Steuer-Diener von Hauss zu Hauss herumgehen und der Regierung Patent vorweisen. Cod. Au. 2, 115. Unsore Saltz-Bereiter neben ihren untergebenen Einspånningern und Fuss-Knechten. l. c. 2, 275. Welche die seyen, Edel oder unedel, Einspennig, Junckern oder Knecht, die ire Kürissharnisch nit haben. Kriegsordn. J. 2. Neben der Gerechtigkeit giengen ihre Trabanten und Hatschier, nemlich die Thürhüter und Einspänniger. Abele Unordn. 2, 18. Söldner oder wie mans bey uns nennt, Einspennige. Albert. Landst. 3.

b) jetzt in Wien der Vorreiter vor dem kaiserlichen Gallawagen, nicht blos in der Mundart, sondern auch in der Amtssprache. Einmal ist immer vor jeden Hofwagn ein Einspaninger gritten. j. Eip. 1808, 7, 6. Hietzt is die k. k. Hofstad g'kummen, und

da habn zwa **Hofanspanninger**
und sechs Hoftrumpeter 'n Anfang
g'macht. n. Eip. 1816, 12, 33. Nachdem sein d' Hoftrompeter mit'n **Einspaninger** und d' Hoffourier z' Pferd
g'ritten. H. J. 1846, 13, 4.
**Zuspanner** (Zuaspànna), *eigentlich
einer, der am Joch mitzieht, ein nebenbei laufender Liebhaber.*
Wänn 's Dearndl alloan mih nit mâ(g),
Koan'n Zuspànna gib ih nit â. Seidl
A. 1, 75.

**Spendieren** (spendia'n), vrb., *ausgeben, mittheilen, spenden, schenken, sich's
etwas kosten lassen, seit dem 17. Jahrhundert sehr häufig.* Von einem nambaften paaren unserm erlegten und
gespendierten gelt (1621). Archiv
19, 27. Sie werden lieber ein mehrers hierzu freywillig spendiren, als
wann man ihnen ein gewisses aufferlegen wurde. Cod. Au. 1, 516.
  Gold, Weihrauch und Mirhen
  Dem Kind sie spendieren. Weihn.
  W. 423.
Und kan mans nicht mit guten haben,
Spendiert man darum grosse Gaben.
  Abele Unordn. 4, 142.
Gott spendiret allen seine Gnad. Abr.
Jud. 4, 352. Hat einem armen Bettler ein Stuck Mantel gespendiret.
Abr. Laub. 1, 382. Das Spielen,
auf welches ich alle Jahr eine zimliche Summa Geld's spendire. Abr.
Jud. 4, 303. Dir wird der Teuffel
auf ewig die Höll spendiren. Abr.
Jud. 1, 66. Der sich also mit Geld
und Spendiren habe loss gekaufft.
Abr. Laub. 355. Der Missbrauch, dass
der — den Officieren und Beamten
spendiren muss. Cod. Au. 2, 427.
Eine Kertzen spendirt Licht. Abr.
Jud. 4, 117. Die Uhrmacher können
den Uhren keinen prophetischen Geist
spendiren. Abr. Etwas 1, 245.
  Doch weil ihr so was d'rauf spendiert,
  So hab ich mich gewiss nicht g'irrt.
    Bucher 6, 248.
Den hat dös Ding gift, weil er so
viel Geld in die Wohnung spendirt

hat. H. J. 1845, 5, 19. Aus den
stattlich'n Gebäu kunnt was Unvergleichlichs werd'n, wann a Bissl was
drauf spendirt wurdt. n. Eip. 1818,
9, 56.
Beim Thor kommen s' eini ohne genier'n,
Wenn s' nur dem Hausmaster a Trinkgeld spendir'n. W. L.
Jetzt will i hald mein Glück probier'n
Und der Wienerstadt a Lied spendier'n. W. L.
  Awa dast nöt umsunst
  Häst dein Mäul strapezirt,
  So wird da vo mir
  Ar a Wartel gspendirt. Stelzh.
    3, 83.
*Redensart:* Seinen Namen sp., *ihn
nennen,* einen Herrn u. s. w. spend.,
*ihn vorstellen.* Wie i aber mein'n
Nahmen als Eipeldauer spendirt
hab. n. Eip. 1815, 3, 10. Wie wollen's denn behaupten, i hab Ihnen
gmeint, wann Sö sich nit einmal trau'n
Ihren Nam zu spendir'n? H. J.
1844, 8, 33. Die vollmächtige Vezier, die gleichsamb in ihrer Gewaltbabung halbe Götter spendiren.
  Abr. Auf ihr Chr. 63.
Aba, mein Aichel, i wollt schön drän
kema,
Und an recht stättlinga Kini spendirn. Lindorm. 180.
Schene G'wandung, guets Löbn,
Und an Herrn spendirn,
Allweil nehma, nie göbn. Stelzh. 1, 37.
I spendir in mein' Anzug no alleweil
ein Mann mit Krenn. H. J. 1833,
9, 33. Erstlich spatzirte der Vogel
Strauss in der Mitte des Saals, spielte
mit seinem Schweif, spendirte eine
eine grosse Authorität. Mala Gall.
86. Sein Angesicht spendiret sonderbahre Authorität. Abr. Laub.
3, 73.
Compos. Er seye so reich, dass er die
Diemant, so gross als wie die Mühlstein ausspendire. Abr. Narren. 1, 5.
  Diess alles, was ich mit mir führ,
  Von Hertzen gern ausspendir.
    Abr. Laub. 2, 196.

Was muss ich verspendiren, biss ich hinwieder bezahlt werde? Abr. Etw. 2, 405. Hoff, dass er mir ein Flaschenkeller voll Gumpoldskirchner zuspendiren wird. H. J. 1836, 4, 2, 50.

**Spendasche, Spendaschi,** f., *Spende, Geschenk.* So ist euer Laschi und Spendaschi vergebens, ihr müsset fort. Abr. Laub. 3, 310. Du bist ein dummer Kerl. A Bindband is nachher a Spendage. Mos. V. L. 3, 29. Solche Spendaschen müssen unter der Hand, so g'wiss inkognito geb'n. H. J. 1844, 17, 34. D'rum hat sie dem Patienten no eine Spendasch bracht, dass s' vom Todten an'n Nutzen hat. H. J. 1847, 22, 14. **Spenditär,** m., *Spender.* Hietzt kummen die Nahmen von all'n den grossmüetig'n Spenditären. n. Eip. 2, 7. **Spendierung,** f. Den Israeliten hat Gott den Himmel selbst durch Spendirung des Manna zu einem Mund-Becken gemacht. Abr. Reim dich 17. **Spendierhosen,** f., *Redensart*: die Sp. anhaben, *zur Freigebigkeit aufgelegt sein.* Eine freygebige Närrin will Hosen, Spendir-Hosen anlegen. Abr. Narrenn. 2, 13. Der Schulmeister hat d' Spendierhosen anzogn, wie er hietzt in Wien war. H. J. 1839, 1, 53.

\***Spündel**, *eine messerartige kleine Waffe.* Die Stecher, die sie auf den gürtln tragen, oder ein Taschenmesser, Phriem, Spündl. Kaltenb. Pant. 1, 433 *und öfter.*

\***Spengen**, vrb., *spannen.* Die Hose spengt.
Bäld thuet ma 's Herz zidern,
Bäld spengt's mi in Glidern. Linderm. 172.
In Winta dä spengt's mi in d' Flachsen,
In Früebling kimmt's äuhi in d' Hüft. l. c. 172.

**Spenge,** f., *das Werkzeug, das der Weber vor sich auf die Arbeit, die er eben gewebt hat, der Quere nach spannt.* W.

\***Spanpanade** (Spämpanaden), *vom ital. spanpanata, Possen, Schwänke,* Prahlereien, Sp. machen, *Umstände machen.* Dort sieht m'r nid dö Strachmacherei, das Aufwixen, dö Schpompernad'n wie hier. n. Eip. 1816, 2, 45. Si häd käm gsegn, dass i 'n Schdeggn heb, so häds mit da Hånd in da Lufd ällalah Schbämbanad'n g'mächt. W. Gesellsch. 2, 124. Weil sie einsehen, dass derjenige, der solche Spomponaden macht, um seine Waaren anzubringen, nur auf'n Pflanz ausgeht. H. J. 1853, 44, 14. Ohne alle Spomponaden, ohne Umstände und G'schichtenmachereien. H. J. 1850, 31, 1. Wo hast denn deine vierzehn Seitl Heurigen hing'schütt, Spompanaden - Krampus? H. J. 1850, 44, 8.

**Spienzeln** (speäz'ln), vrb., *scherzen, von jungen Leuten beiderlei Geschlechts, liebäugeln, verliebte Reden führen.* Schau, heissts, wie der arme Kapuziner mit der schönen reichen Frau dort spienzelt. Bucher 4, 67. Ihren Amanten hat auch jede bei sich, und da wird was glacht und g'spenzelt. Eip. 3, 13. Däs spenzln mit da Dirn leid i nit. Baum. 12. Er hat schon mit ihr g'spönzelt, derweil sein Vorfahrer noch g'lebt hat. Mos. N. F. 2, 32. Glaubst du, ich bin auch einer von den heutigen Mannsbildern, die nur alleweil spienzeln, aber nie heirathen woll'n? Hopp Hutm. 44.

So fiar da 's Nåba's Sus'l hoam,
Ös speans'lds so schon in da G'hoam. Cast. 113.
Da Monschein håt a Spitzbub'nlicht,
Ma moant, d' Valiebten hätt'n sih's
Zum Spearnzeln extra g'friemt. Seidl 139.
O Dirndl, und låsst mi
Nit ein zu der Thür,
So kumm doch zun Fenster
Und speanzl mit mir. Silberstein 2, 205.

\***Speränzel** (Speranz'l), m. (*vom ital. speranza?*), *Schelm, Schalk.* Einen zu seinem Sp. machen, *ihn hintergehen oder foppen.* Dem jungen Speränzl gibt man die beste Pfänzl,

dem Bellerl und dem Fiderl die beste
Nöckl und Bröckl. Abr. Laub. 1, 9.
Hàltabua, Hàltabua,
Hält 's Derndal ab dazua,
Is a Speranzel dä,
Jägt da 's sunst ä. Seidl 94.
Ob's mih, auf 's gachi Glück, valeih zu
  engan
Speranzel mäch'n kinnt's. Seidl 219.

**Spargament**, n., ital. *spargimento*,
a) *Ausstreuung, unverbürgtes Gerücht.*
Nun aber Ihrer Majestät sein Unschuld
und Fidelität wissent, und sie darumben ob dergleichen höchst Ehren —
verletzlichen Spargamenten ein
ungnädiges Missfallen tragen (1671).
Cod. Au. 2, 532. Ich müsste die
Unwahrheit lügen, wenn ich wollt
unter den Leuten ein Spargament
ausstreuen, als ob ich was unrechts
gesehen hätt. Hafn. 2, 74. Auf d'
letzt habn wir g'sehn, dass der ganze
Lärm nur ein Spargament war. j.
Eip. 1816, 1, 13. D' ordentlich'n
und vernünftig'n Leud hab'n um alli
dö Spargamenten kan taubi Nuss
g'geb'n. n. Eip. 1814, 10, 41. Es
gibt z' Wien ein Menge hergloffne
Windhund, die solche Spargament
machen, damit wir recht kleinmüthig
werden solln. Eip. 29, 25. b) *Umständlichkeiten, Pralerei, leeres Gerede.*
Di ganzi Verschwörung von Hauptdelinquenten mit all ihnern Prahlen
und Spargamenten, was bad a'
denn erobert? n. Eip. 1816, 1, 14.
Das sind lauter Spargamenten und
Firlefanzen. jst. Eip. 1820, 1, 17.
Söch Spargamenta
Häbnt z' nachsten af d' Nácht
In Broihaus ban Öcktisch
Ihna vier Mánnn g'mächt. Wagn. 27.

\***Spirze** (Spirz'n), f., *Tababspfeife.*
Thue dein Spirzen aus'm Maul,
kannst ja rauken, wann er weg is.
Mos. V. L. 7, 41. Was hast denn
da für a kecke Spirzen? Da is
ja a millionsaubers G'stemm? l. c.
7, 19.

**Spürzen**, vrb., *speien, spucken*, z. B.
*aus unartiger Gewohnheit.* Also offt
sie dem Teufl widersagen, so offt
spüertzen sy auff die erden. Herb.
Mosc. G. 2. Hab sie in die Kandl
gespürtzt in aller Teuffel Namen
(1583). Schlag. N. F. 2, 102.
Spirtzet und speit einen grossen
Fleck um ihn herumb. Abr. Narrenn.
3, 70.
Hint in da Leithen
Is's g'fahrli ung'heit:
Dä thain d' Höppinga reiten
Und spürzen af d' Leut. Stelzb.
  1, 69.
Sie hät an Andern hietzt,
Hämt auf mi ah nöt g'spirzt.
  Kalt. 3, 49.
Treibn mit ichm Schälkat,
Bis a sterkelt und spürzt und mit beed
Fäusten um iehm schlöcht. Stelzh.
Gd. 354.
Compos. **Anspürzen**, *fehlt ebenso
wie ausspürzen bei Grimm.* Hab
ihr die Andl das Angesicht und die
Klaider mit Speichel voll angespüertzt (1583). Schlag. N. F.
2, 89. Haben der Teuffel und die
alt Elsz die Annam angespeyet und
angespürtzet durch den ganzen
Leib. Scher. Schr. 2, 194, b. Halt
den wein im mund an der stat da dir
we ist, spürtz es aus. Schön. C. 1.
Die Kinder unehren ihre Eltern, die
Vatter und Mutter spöttlen, schelten,
schmähen, uber sie ausspürtzen.
Scher. Schr. 2, 515, a. Ein sonst
sehr frommer Mann hat beim Betten
sehr offt ausgeworffen und ausgespürtzt. Abr. Laub. 1, 399. Die
Ursach, dass man bey dem Tabackrauchen so starck ausspürtzet.
Quot. capita 333. Er spirtzet alsobald ohne Verletzung das bestecket
Bein aus. Stöckler 1, 424. Wann
einer ausspürtzet hinauf gen Himmel, so fallt im sein eigner Speichel
herab ins Gesicht. Neubek Türk. 38, b.
Verspürzen. Man verspottet, verspeyet und verspirtzet ihn. Scher.
Post. 231. Verspeyet und verspürtzet die Apostel und ihre Nachkommen. Scher. Schr. 1, 141, a. Da

er verspott, gefangen, gegeyselt, verspûrzt und gekreutziget war. Nausea Postill. 1, 148.
**Spürzeln** *ist weniger als ausspeien.*
Der mensch, den man Jesum nennt,
Der spirzelt auff derdt und macht ein kot,
Damit er mich bestrichet hat. Schmelzl.
Wie in der Sultan geseben, ist er ergrimpet und hat auff die erden gespürtzelt. Stern Rel. 16. Durch den ganzen Hof spirzelt er, als wenn er 's Tabakrauchen lernen thät. Mos. N. F. 3, 18. So oft sie ausspürzlen, springt ihnen der Speichel wieder in das Gesicht. Abr. Jud. 3, 202. So darf man sich nimmer so tief bucken, wenn man bei der Tafel ausspirzeln will. j. Eip. 1808, 1, 31. **Gespirzlet** (G'spirzlət) n., *Speichel.* **Spirzlerei**, f., *wiederholtes, häufiges Spucken.*

**Spass**, m., *ganz wie bei Schm. Ausserdem noch* **Spassettel** *oder* **G'spassettel**, n., *kleiner Spass.* Die ganze Geistererscheinung war ein bloss's witzigs Spassetl. j. Eip. 1808, 8, 38. Machen Sie nur Ihre Spassetteln, wenn man mit Ihnen ernstlich sprechen will. Mos. N. F. 5, 26. Mach er mi nöt schiech mit seine dummen G'spassettln. l. c. 1, 23. Andri G'schpassetl had m'r a allerhand den Tag auf der Gass'n erlebt, Rollereien und dergleichen. n. Eip. 1816, 12, 29. Einige zogen über das nichtsnutzige Gered und die dummen Spasettl los. Silberstein 2, 62. Der is ein eminenter G'spassetlerzeuger und Manderlmacher. H. J. 1856, 18, 12. **G'spasslerei**, f., *Spass.* Da hörd si alli Gspasslerei auf. n. Eip. 1815, 8, 33. Da wunderts mich nimmer, wenn aus lauter Gspasslerei ein Irrung vorgeht. j. Eip. 26, 33. Was er da für Figuren und G'spasslereien hineinbringt. jst. Eip. 1820, 2, 83. **G'spasspáli** (*Paul*), *Witzmacher, spassiger Mensch.* I gäbet ihm halt a Lehr, Sie G'spasspali. Mos. V. L. 7, 33.

*****G'spúsi**, f., *Spass, spassiges Ereigniss, lärmender Scherz.* Eine G'spúsi haben, *ein Liebesverhältniss.* Während der Hausknecht als Krampus seine G'spusi mit der Köchin g'habt hat. H. J. 1858, 49, 8. Hat mit 'n Schlossfräulein öfter sein G'spusi g'habt. Kais. Harf. 4.
Neuli war a G'spusi,
's war a Katzenmusi,
In der Vorstadt vor an Haus. W. L. Wann er sich der Gefahr aussetzt, dass die Eltern hinter die Gspusi kommen. H. J. 1853, 37, 8. Sie is immer zum Greissler g'loffen, weil 's in der Näh mit ein'm Schneiderg'selln ein Gspusi hat. H. J. 1842, 10, 13. Siehst, ich war ein junger Bursch und hab mit mein Weib a G'spusi g'habt. Silberstein 1, 393.

**Spèzi**, m., *specialis, der verbreitetste unter den Ausdrücken, durch welche der Oesterreicher das Wort* **Freund**, *das bei ihm nur Verwandter bedeutet, bezeichnet; Bekannter, Kamerad, Saufbruder.* I hab kein Liebhaber, sondern nur ein Spezi, mit dem i aufg'wachsen bin. H. J. 1835, 4, 2, 33. Lenzl, alter Speci, gibt's in drei Wochen a Parl: Loisl und Cäli. Silberstein 1, 88. Adieu, alter Spezi, dein Mittagsmahl war famos. Lang W. V. 2, 38. Mein lieber Spezi, nur kein'n Neid. Mos. V. L. 5, 52. Aso a zwölf Spezi beisammen hab'n ma a klane Unterhaltung geben. W. Theat. R. 58, 2. Was? Sie kennen den Kerl? Chr. Ist ja mein Spezi aus alter Zeit. l. c. 69, 19.

*****Spridern**, pl., *die zerschrotteten Splitter der Körnerschalen.* W.

*****Spridern**, vrb., *mit dem Munde den Speichel wegsprützen, z. B. von Kindern gesagt.* W.

**Sprúdel**, m., *ein Küchengeräthe, um flüssige Sachen, z. B. Chokolade herumzutreiben und zum Schäumen zu bringen, Quierl,* auch **Sprudler**, m. Sprüdeln (sprid'ln), *auch* sprudeln, quirlen, *auch spucken*. Mit einem Heferl, einen Sprudler in Händen. Mos. V. L. 4, 66. Da habn si dö vier Wasserspiegel in's Becken mit ein'n so ein Sausen und Brausen hineingestürzt, dass der Fam aufgstiegn iss, wie wann m'r ann Tschukuladi spridelt. n. Eip. 1815, 2, 34. Wie das Milliweib so sprudelt, so pantscht und so rührt. Mos. V. L. 4, 66. D' Milchweiber spriedeln das Obers. n. Eip. 1814, 6, 24. Da beutlts mi, wann i an das Rühr'n, Kochen und Sprudeln denk. H. J. 1846, 6, 36. Wie der 's erste Glas tranken hat, is er gleich umg'fallen und hat dreiviertel Stund g'sprudelt. H. J. 1850, 37, 13. Das Madl hat zum Husten, Sprudeln und Spuck'n ang'fangt. H. J. 1852, 17, 12.

**Spraigeln** (spräg'ln, spräg'ln), vrb., *spreizen, sperren, strecken, sprengen, spalten*. Der muess si epper was verrenkt hab'n, so iss er ganz g'spragelter dag'standen. n. Eip. 1817, 8, 9.

Und a Schåar Kinner, dö stehngnan ållsänder dä bårbapi uma,
schaun den g'spraglaten Bam in. Misson 30.

Weil er g'sehn hat, dass i den Hut, der wie ein g'spracklte Krot ausg'schaut hat, in der Hand halt. H. J. 1838, 2, 1, 27.

Comp. Dass man d' Füss an die Wand vom Wagn anspragelt. H. J. 1842, 7, 8. D' Herrn stelln sich in ihren Hanswurstenhosen mit ausgspragelten Füssen vor sie hin. Eip. 5, 11. Wann sich so ein Langhaxeter auf's Billard hinauflegt und sich wie ein altes Parapluig'stell ausspragelt. H. J. 1847, 21, 23. Der Tanz mit die ausgespragelten Füss. Mos. N. F. 1, 7. Am Zopfen waren drei Maschen anbunden, die haben ausgschaut wie eine ausgspragelte Fledermaus. H. J. 1837, 1, 1, 23. Staffeln, dass m'r si bei ein'm jed'n Tritt häd d' Füess ausananderspragein kinnen. n. Eip. 1815, 12, 12. Hat d' Füss auseinanderspragelt, wie ein Seiltanzer. Eip. 36, 35. Ein junger Mann is bei der Thür g'sessen, und hat seine Füss so weit wegg'spragelt, dass i richtig drüber g'stolpert wär. H. J. 1841, 4, 35. Spragelt die Füss wie einen Windmühlflügel weg. H. J. 1840, 8, 19. Der hat alle zehn Finger von sich weggspragelt. H. J. 1840, 7, 28. Was a Bissl a klani war, dö häd si völli zerspragln mög'n, bis s' auffi kummen is. n. Eip. 1817, 7, 15. Wann er sich wie eine Tänzerin a völlig zerspragelt. H. J. 1847, 24, 42. Dé Fédern is gänz z'spräglt. W.

**Sprägl**, m., *Spalt*. **Sprägloglerei**, f., *das Auseinanderstrecken, Spalten*.

**Sprengen**, *im Ganzen wie bei Schm. Aus den Comp. hebe ich nur das bei Schm. nicht angeführte* einsprengen *heraus. Sich auf etwas einsprengen, auf etwas eingesprengt sein, für etwas eine besondere Vorliebe haben, auf etwas versessen sein.*

Awer iezt, wie sis håbn,
Is nar Ålls afn Schein,
Af a sölli Muntirung,
Fränz, spreng di nöt ein. Stelzh. 1, 211.

Voller Ång'rathikeit,
Netter eingsprengt auf däs
Wås verbot'n is für d' Leut. Kalt. 1, 165.

Mein Herz und i, mir wår'n a Pfar
So recht varuckte Nårr'n,
Weil i und 's Herz, mir älle zwa,
In's Låchen eing'sprengt wärn. Arth. Wald-R. 8.

Mai Deand'l häd a Koi, wo-n-a Griaw'l is drin,
Und i kän går nöd såg'n, wia-r-i aing'sprengt drain bin. Cast. 180.

Da muess m'r do recht in an'n Menschen eing'sprengt sein, wann m'r ihm z' lieb so was unternimmd. n. Eip. 1818, 10, 66. I bin in das Drutscherl alleweil mehr eingsprengt worden. H. J. 1836, 3, 2, 61.

\*Springhäuslein, n., *Vorrichtung zum Vogelfange.*
Im Frühjahr da geh i bei Zeiten
Mit 'n Springhäusel aussi in Wald.
W. L.
Wo 's Büebel so lang mid'n Maisenpfeiferl lockt, bis sie das dumme Vögerl selber in's Springhäusl einsperrd. n. Eip. 1815, 9, 63. Dafür ist ein französischer Hemigrant ins Springhäusl gangen. Eip. 22, 18. Ich kanns nicht wissen, ob ich nicht einmal ins Springhäusl von Ebstand eingeh. j. Eip. 1813, 6, 39. Sie haben d' Füss Ausklopfstaberl und a Springhäuselg'stell g'heissen. n. Eip. 1813, 9, 22.

\*Spritzen, *wie* hchd. *Ausserdem:*
Spritze (Spritz'n), f. a) *Schimpf für Weiber.*
Ja das Mensch, die gewaltige Spritzen,
Die vormals bey dem Rad thät sitzen,
Hat g'nommen ihr eigner Herr zum Weib.
Abr. Narrenn. 3, 49.
    b) *die Feuerspritze; daher* ein Mann bei der Spritze, *ein Mann von Gewicht, der zu kommandiren hat.* Man muss doch auch zeigen, dass man noch immer ein Mann bei der Spritzen ist. Berla.
Sunst wär ih bei'm Streit'n und Politisir'n
A Männ bei da Spritzen, wie 's hasst. Seidl 196.
    c) *scherzweise für Jagdgewehr.* A Jagar is koan gänza Mensch nit, wänn a nit sein' Spritz'n au'm Bug'l hät. Seidl 275. Spritzer, m. a) *eine bairische Halbe (Mass Bier).* b) *schwacher Regen, auch* Spritzerl, n.
Zu ihrer Laichd 's is a Spritza juad kuma,
Dä hän i d' Ambrel'n mid au'm Fraidhof g'numa. Cast. 53.
Spritzamper, m., *Giesskanne.* Dö alleweil fleissi mit 'n Spritzamper bei der Hand war'n. n. Eip. 1816, 7, 10. Der liebi Herrgod had 'n gross'n Spritzamper derwischt und hat gwaldi abergoss'n. n. Eip. 1817, 9, 23. Spritzkrapfen, Spritzstrauben, *Art von Mehlspeise.* Spritzleder, *das Vorderleder an einer Kalesche, um die Füsse gegen den Regen zu schützen.* Anspritzen, *bestechen.* Die drei Handwerksburschen spritzen jeder mit einem Einserl den Wachter an. H. J. 1860, 41, 17.

\*Stabene, m., *Statist.* Die meisten habn, wie die Stabene, eine blosse Spalier g'macht, und da habn d' Frauenzimmer d' Musterung passirn müssen. j. Eip. 1811, 2, 4. Der Makdonald und der Oudinot hab'n ihnen 'n Strohsack vor die Thür g'worf'n und mach'n hietzt nur Stabene bei der Kumödie. n. Eip. 1815, 6, 31. Die hat fast allweil nur allein g'redt, so dass d' andern alle nur wie d' Stabeni da g'standen sein. n. Eip. 1813, 9, 41. I hab blos ein Stabene g'macht und zug'hört, wie dö miteinander parlirt haben. H. J. 1833, 10, 38.

\*Überstück, n., *abgehacktes Stück von Holz, wenn es länger als nothwendig war, kommt sehr oft in* Kaltenb. Pant. vor. Es sol kainer dem andern stekn oder uberstik aus seinem weingarten tragen, die uber ein daum elln lang sein. Kaltenb. Pant. 1, 183. *Ebenso* 1, 54. 1, 153. 1, 179. 1, 188. 1, 192. 1, 303. 1, 441. 1, 607. 2, 253. 2, 273. u. a.
Kein überstick und alte Stecken
sol der weinzierl haim hin zwecken,
so uber zwo spann lenger ist,
dann im's Diebstal wird vermist. Rasch Weinb. 54, a.
Wann nu angeht das stecken schlagn,
kurtz uberstückl haimzutragn
dem weinzierl gern vergunnet wird. l. c. 55, a.
Dass niemand kein Uberstuck noch Weinstecken auss denen Wein-Gärten anheimb trage. Cod. Au. 2, 432.

Studi, f. *auch* n. a) *das Studieren, das Studium.* Dank ich Gott, dass er mich von der Studi weg und zu einer Profession gethan hat. Bucher 5, 170. Auf Simon und Judi gehen d' Studenten in d' Studi. Weiss der Herr

Vetter, was für ein **Studi** jetzt z'
Wien am meisten trieb'n wird? w.
Eip. 15, 22.
Der schreit aus da Studi,
Der sticht nåhat zubi. Linderm. 182.
b) *Gelehrsamkeit, schon im 16. Jahrhundert.* Indem (wie er sagte) mein
**studi** fast geloht hattest. Rasch Erdb.
B. 1. Ich hab doch ein wenig **Studi**
im Kopf; denn ich bin z' Haus mit
mein Hofmaaster durch drei lateinische
Schuln gloffn. •j. Eip. 1, 10. Die
Herrn müss'n kein rechts **Studi** in
Kopf hab'n. w. Eip. 14, 35. Durch
d' **Studi** wird die Welt regiert. W.

***Staffieren**, vrb., ausstatten, schmücken.*
Hat am maisten Gesendet und dasselb
zum pesten und costlichisten ge staf-
firt gehabt (1563). Archiv 22, 323.
Zeugheuser, mit was vorrat dieselben
ieder Zeit versehen und gestaffiert
(16. Jahrh.). Archiv, 30, 133. Das
Fleisch wird anders zugericht und ge-
staffiert sein. Scher. Post. 244.
Wir wissen nicht den Tag noch die
Stund, derwegen wir billich jederzeit
gestaffiert und bereit sein sollen.
l. c. 318. Mit solchen lumpen Ar-
gumenten staffieren sich die Doc-
toruli zu Wittemberg. l. c. 549. Ihr
wöllet euch zum Fest auff das Christ-
lichst staffieren. Scher. Fronl. 226.
Man war gstafiert mit alln sachen.
Weidf. Freysch. B. 1. *Jetzt nur in
der* Compos. ausstaffieren *und*
herausstaffieren. Das is alles mid
eben so viel Pracht als Gusto ganz
neu ausstaffierd. n. Eip. 1816,
12, 36. Sagt sie, dass sie eine arme
Braut zum ausstaffiren hat. H. J.
1851, 7, 7.
Unser Herrgott hât 's ausg'staffirt
Ån Leib und Seel. Kalt. 3, 205.
Dé Leut häm viel Töchta', då gibt's
hübsch wås ausz'staffieren. W.
Die Braut war natürli wie eine Dam
herausstaffirt. H. J. 1847, 2, 20.

**Stauf**, m., *Kelch, Becher; eine Art des
Maasses bei der Entrichtung des Berg-
rechts; nicht überall gleich.* Ein Stauf
weins dezselben weingarten (1340).
Zeibig Urk. 1, 281. Ain weingarten,
do man alle iar von dient Sechszehn
Stauff weins ze pergkrecht (1366).
l. c. 1, 416. Zehend - Herrn sollen
ihre Zuber, Metzen, Stauff, Viertel —
bei der N. Oe. Regierung vorbringen.
Cod. Au. 2, 527.

**Stiefel** (Stifl), m., *siehe* Schm. *Ausserdem* a) *blechernes Biergefäss, eine Mass
haltend, manchmal in der Form eines
Stiefels.* Ich kenn viele, die einen
schönen Stiefel bürsten. jst. Eip.
1819, 10, 38. b) *Unsinn.* Draussen
steht ein sonderbarer Kauz und quatscht
einen Stiefel zusammen, den Nie-
mand versteht. W. Theat. R. 73, 30.
Ist dem Schwager je ein grösserer
ortografischer oder stilistischer Stie-
fel vorkommen? H. J. 1860, 1, 5.
Wann einer recht g'scheit sein will,
aber ein Stifl daherredt, dass
ein'm Hörn und Seh'n vergeht. H. J.
1843, 5, 12. In ein'm Wirthshaus,
da kann Einer ein Stifl z'sammrden. H. J. 1839, 5, 14. c) *in
Redensarten.* Wann ich d' Uhr alle Vier-
telstund aufzieh, so gehts wieder
ihren Stiefel akkarat fort. n. Eip.
1813, 9, 21. Sie iss bald a no auf
der Weld und tanzt ihr'n Stiefel
fort. n. Eip. 1814, 10, 55. Dö brin-
gens nit auf a so a hochs Alter, wie
dö Frau, dö n heundigs Tags ganz
frisch ihr'n Stiefl weglebt. n.
Eip. 1817, 6, 55.

**Stifln**, *einherschreiten, gehen.* Es stie-
felt also auch der Scher mit der
Frau von Y. jst. Eip. 1820, 3, 116.
Ls er nach M. zu seiner Geliebten
g'stiefelt. H. J. 1858, 14, 21.
Dass selbst Damen es nit unter ihrer
Fusswürde halten, zu sechs Robern
Whist im Regenguss zu stiefln.
H. J. 1841, 9, 34.

**Compos.** Alles war schon in Verzweif-
lung, da is endlich der — ang'stie-
felt kummen. H. J. 1844, 14, 7.
I steh da g'rad bei der Ruine, kum-
men zwa daherg'stiefelt. H. J.
1846, 16, 40. Der viel Geld hat,
soll daher fahren und reiten und

steigen und stiefeln, so stolz als er will. jst. Eip. 1821, 3, 124. Der Kerl stieflt åba' daher! W. Alle zwei stiefeln so mitsamm in der grössten Hitz fort. H. J. 1838, 2, 2, 45. Wie letzthin das Wasser so hoch war, bin ich ein wenig in der Leopoldstadt herumgestiefelt. Wie er's g'habt hat, setzt er sich in volle Galla und stiflt hin. H. J. 1838, 3, 2, 48. So sein wir halt in den Saal h'neing'stieflt. H. J. 1845, 3, 7. Herstifl'n, herausstifl'n, zusammenstifl'n, *aufputzen, herausputzen, zusammenputzen.* Auf 'n andern Tag wars schon aufn Glanz herg'stiefelt. n. Eip. 1814, 3, 48. Mit roden Sammet, mit goldenen Borden aufs prächtigsti herg'stiefeld. n. Eip. 1814, 11, 83. Bis d' gnädichi Frau ganz ballmässi ausserg'stiefelt war. n. Eip. 1815, 3, 58. Herausfrisirt, aufg'wixt und z'sammg'stiefelt. H.J.1846,15,32.

\*Stuff, adj. *und adv., erstaunt, bestürzt, verwirrt.* Hietzt iss der Hausherr völli stuff da g'standt'n und i und der K. sein abg'fahr'n. n. Eip. 1815, 12, 48. Hietzt hat die Wach 's ganzi Gerstl per Empfang g'nummen, und d' A. iss ganz stuf da g'standt'n, wie a verstockter Sünder. n. Eip. 1816, 6, 81. So zwar, dass die g'lehrten Herrn völlig selber stuff werden. n. Eip. 1814, 7, 25.

Stigel (Stig'l), *in der älteren Sprache mir nur als fem. vorgekommen, wird jetzt vom Volke als masc. fem. und neutr. gebraucht, wie bei Schm. Ich führe nur einige Belege aus früheren Jahrh.* an. Wer ein offene stigl hat, der sol di zuemachen, damit nimand schad gescheeh (1512). Kaltenb. Pant. 1, 170 *und oft.*

 Wer reibt sich gern
  an einm Igl
  bey der Stiegl,
 an ein Sau? Abele Unord. 2, 55. Da ist gut singen, wann ich schon über die Stigl bin. Abr. Besch. E. 410. Ein Jungfrau ist ein seltsames Wildbrätl, die Dina des Jacobs Tochter unbericht, welche über die allererste Stigl, da sie ausgangen, gestolpert, und das beste Kleinod verlohren. Abr. Laub. 3, 154. Reissen zu sich, was zu den Pfarn gestift und gewidmet, dass sich kein gelerter mann drauf erhalten kan, sondern etwa ein hergelauffner stigelhupfer, der nimpt etwas schlechts auff einem scheittle. Scher. Prol. Pred. G. 4.

\*Stalhof, Stolhof, m., *scheint aus Städlhof, Stå'lhof entstellt zu sein und ursprünglich zunächst einen eingefriedeten Platz um den Stadel, die Scheune, herum zu bedeuten; ein eingezäunter freier Platz beim Hause, um Holz, Stroh und dgl. aufzubewahren; scheint nach den folgenden Belegen auch Haushof und Vorhof zu bedeuten. Das Wort findet sich sehr oft in Kaltenb. Pant.* Ob ain Mann oder frau sein guet in den nötten auf die Gassen oder in ain Stalhof brächt, das sol Im sicher sein. (1512). Kaltenb. Pant. 1, 329. Ain nachpaur sul den andern inner Haus als ein mitter Man geraichen kan, ausser haus im Stolhof verfriden, und nemlich so hoch, dass ein järigs Swein nicht darüber springen müg. (1512). l. c. 1, 195. Das ainer den andern sol ausfriden im hof nebn wennthöch, im stolhof als hoch ain mitter Man an die prust ist. l. c. 1, 184. Niemand sol nit new weg oder einfert hinden in die hewser durch die stolhof machen. l. c. 1, 171. Daz auch ain ieder sein holtz und Stro in seinen Stollhof füren und tragen sol. l. c. 1, 176. Dass eines ieden Viech gehen soll für einen gemeinen hüerter und soll auch hinden aus durch die Stollhoff nit gelassen werden. (1667). l. c. 2, 259. Dass ein Nachbar dem andern zu veldt und zu hauss ausfriden soll, auch in den Stallhoffen nit Zeunen und Mawern. l. c. 1, 381. Mehr regt die Gemein von wegen ihrer fried in Ställhöffen, und umb die Ställhöff, es seyn gruben oder zäune, dass dieselbigen sollen erhalten werden. Chlum. Dorfweisth. 57.

**\*G'stemm**, G'steam'l, n., *scherzhaft für Tabakspfeife, aber nur von einer netten und saubern gebraucht.* Däs is a nett's G'steam oder G'steam'l. Was hast denn da für a kecke Spirzen, das is ja a milionssaubers G'stemm? Mos. V. L. 7, 19.

I halt in ganzen Tag im Mal
Mit Hochgenuss mein G'steam. W. L.

**\*Stamperl**, n., *kleines Gläschen, besonders für Branntwein, Rhum u. dgl.* Br. Gute Nacht, Frau Resl! (ruft in die Schenke). Ein Stamperl Unblachten (*Branntwein*). Lang. W. V. 1, 69. Er trinkt beim Brandweiner sein Stamperl Brennabi. H. J. 1851, 42, 20.

Stamperl mit Kerschengeist,
Krüegel mit Most,
G'selchts und ents-Knödel
Gott gsögn enk dö Kost. Kalt. 2, 6.

**Stumpfieren**, vrb., *bekritteln, ausspotten, beschimpfen.*
Von seinn selbst aignen mitgnossen und anhängling wierd angstossen, vexiert, stumpfiert und sehr beschmissen, feinlich betrübt und zerrissen. Rasch Kirch. G. B. 4. Die heutige Procession der Catholischen wird von unsern Widerwertigen sehr gestumpffiert. Scher. Post. 170. Sie stumpffierten und vexierten die Catholischen, triben auss ihrem strengen Fasten das Gespött. Scher. Pred. 1, 52. Welche das weibliche Geschlecht auffs höchst verkleinern, verachten, stumpfiren und ausszholipen. Albert. Hausp. 76, b. Also begabe es sich, dass etliche Herren darwider stumpfirten. Abr. Etwas 3, 632.

Dass, wer an söltern schimpfirt,
D' Lid selbma und 's Handwerk stumpfirt. Linderm. 190.

Rueli mössts sein,
Nöt anänder stumpfirn
Und anänder kunirn. Stelzh. 3, 200.

*Daher* Stumpfierer, m., Stumpfierung, f., *und* Stumpfierwort. Hierauff seind solche schmäher und stumpfierer zu erindern. Rasch. N. Cal. E. 4. Das derwegen noch auff den heutigen tag diss stumpfierwort von ihnen wehret und gehöret wierd. l. c. B. 2. Der muess ma d' Stumpfirung zrucknehma. Linderm. 190.

**\*Stånglbrunner** (Stang'lbrunna'), m., *scherzweise für Wasser.* Häst a'n Wein? Jå a'n Stang'lbrunna'. W. Er braucht sein Rosoli nit für a Medicin auszgebn, sondern er kunnt sagen, es is ein Stanglbrunner. H. J. 1847, 10, 37.

**\*Stångelgroschen** (Stang'lgrosch'n), plur., *Prügel mit einem starken Stock.* Fufzehn Stangelgroschen auf's Stiefg'sicht. n. Eip. 1814, 8, 44. Der hat vermuetli lieber Kupfergrosch'n, als Stanglgrosch'n von Marck heimtrag'n. n. Eip. 1816, 6, 25. Er hat s' schun g'fasst seini Stanglgrosch'n, den 18. Juni 1815 hab'n ihm's die zwaa Kriegszahlmaster Wellington und Blücher richti ausg'zahlt. n. Eip. 1815, 8, 3.

**\*Stenken** (Stenk'n), m. a) *abgebrochenes, abgestorbenes Holz, das noch in der Erde steckt.* b) *klein gewachsenes Mädchen.* Däs Mensch is a rechter Stenk'n, a kläana' Stenk'n. W.

**Gestanz** (G'stanz), n. G'stanz'l, n., a) *Ständchen.*
Glei drauf kumt da Hansl,
Will då hålt'n sein G'stanzl
(mit der R.). Kartsch 1, 30.

b) *viel häufiger lärmende Unterhaltung, lauter, derber Spass, Geschrei.* So oft der T. sein G'stanz mit den Nymphen g'habt had. n. Eip. 1814, 12, 10. Håb'n eahna G'stanz g'håbt und håb'n mih vexirt. Seidl 195.

Dö Buam in Dorf hab'n nacha
Mit so was glei a G'stanz,
Denn, gibts wo was zum Lacha,
Da san s' glei allianz. W. L.

Jeder Fremde findt in Wien a nobels
G'stanz,
Wann er — hört dö feschen Tanz. W. L.
Draust beim Kleeblatt hab'n ma oft a
G'stanz,
Nacha lass ma's schön laut abergehn. W.L.
Schaut's, auf solche Arten
Wollt's mar aufwarten,
Valeicht mach i' eng no a G'stanz.
W. L.
Dö, wänn s' aus da Kiarchen genga,
Sunst a gwåldigs Gstoanz vabringa,
Gengan dösmål hoam gånz ruawi. Cast.140.
Dös G'stanz und dös G'schra. Seidl 45.
's Gamsschiass'n gfraid mi nid,
's is nur a G'stanz,
Schiass liawa a waisafuassad's
Diarndarl bain Dånz. Vogl 51.
c) G'stanz'l, *dasselbe wie* Schnatterhüpfl, *wie z. B. das gerade vorhergehende Beispiel aus Vogl eines ist.* I
muss der Ausspielerin doch ein Pfirtdich Gott G'stanzel singen. Lang.
W. L. 2, 138. Führ uns Neujahrwünsch, Grenadierlieder und G'stanzeln zu. H. J. 1850, 50, 13.

*Stoppen, vrb. a) *stopfen.*
Brauchst vielleicht ein'n Tabak?
Da stopp dir derweil von mir. Mos.
V. L. 7, 20.
Nimmt d' Butt'n åba, stellt s' nieder und
stopt aus der Bládern sein Pfeifa.
Misson 9. Wir müssen auf a Mittel
denken, dass man diesen Leuten die
Mäuler stoppt. Mos. V. L. 3, 24.
b) *kleine Löcher in Kleidungsstücken
vernähen, z. B.* Strümpfe stoppen.
*Die* Kunststopper *sind ein eigenes
Handwerk in Wien, von den Schneidern
verschieden.* G'stoppt, adj., *blatternarbig, häufiger* blåda'stöppat.
Woll'n mit Geld die Runzeln stoppen.
W. L.
Wer hat denn dein G'sicht so schön
g'naht (*genäht*),
Sei stad,
Du bist ja noch g'stoppt obendrein.
W. L.
Compos. *zu* a) *und* b):
Da stoppt sich mancher a Pfeifen an,
Der nöt amal recht rauken kann. Mos.
V. L. 5, 66.

Wånn i' auf d' Alma geh,
Gehni schö̆ stad,
Und i stopp ma' mei̅ Pfeiferl ſ,
Rauch a̅n Towak. W.
Bei einer Bäuerin soll i ein Loch im
Kuhstall verstoppen. H. J. 1847,
22, 11. Der Ramel kann nit einmal
ein Loch in ein Strumpf zustoppen.
H. J. 1834, 19, 7.
*Stoppel, m., *ein kurzer Zapfen von
Holz oder Kork zum Zustopfen, Stöpsel.*
Da werden die Stoppeln z'sammgelegt und wann's zum zahlen kummt,
gilt jeder für ein Plutzer Bier. H. J.
1834, 21, 20. Wenn's nur brav
knallt, wenn man den Stoppel aufmacht. Eip. 4, 20. Sebastopl wollens
nehmen, denn das is der Stopl auf
dem Plutzer der russischen Macht.
H. J. 1854, 40, 3.
Der das Flaschel so druckt und so wutzelt,
Sogar noch den Stoppel absutzelt. Mos.
V. L. 5, 54.
Stoppeln, vrb., *zustöpseln.* Wie's den
Wein aufg'stoppelt haben, da habens g'sehn, dass der Vöslauer — Himbeer-Essig war. H. J. 1832, 37, 6.
Zusammenstoppeln, *mühsam zusammensuchen.* I möcht so manchen
Putz seh'n, was 's da für ein z'sammg'stoppeltes G'raffelwerk d'runter
geb'n wird. H. J. 1846, 6, 88. Der
aus allerlei Wirthshaustratsch eine Nachricht zusammenstoppelt. H. J.
1855, 28, 2.
*Stüren (stia'n), vrb. a) *stören, stöbern, stochern.* Gäns stüren und
wülen im koth umb. Scher. Post. 602.
Dass euch der Henker die Zähn
stühr. Abr. Jud. 1, 164. Er stupft
und stiert unta 's Bett hintri. Seidl
254. So lang s' ihrer Profession nachgeh'n, haben's nicht so viel Bauer aus'n
Mist g'stirrt als jetzt. n. Eip. 1814,
6, 29. b) *ärgern.* Nein, das is mir
nöt recht, weil mi das stiert. Mos.
V. L. 2, 14. c) *grübeln, nachgrübeln.*
D' Ahnl und da Sepp häd'n 's stirn
und 's grübln ånghöbt. Stelzh. Gd. 340.
Schene Gwandung, guets Löbn,
Und an Herrn spendir'n,

Allweil nehma, nie göbn,
A weng grübeln und stirn. Stelzb.
1, 37.
Gibt illerhänd Leut hietzt,
Dö stritten und stir'n,
Hämt a Maul recht a lötz',
Wölln öbn hussen und schür'n. Kalt.
3, 94.

Stierer, m., *einer der Zank sucht, um Unruhe zu stiften, Störefried*. Compos. Dises blutigen Kriegs Anbetzerin, Anblaserin, Anspinnerin, Anstiehrerin. Abr. Auf ihr Chr. 22. Aufstüren *aufrühren, aufstöbern*. Sie will den Quark nid erst wieder aufstier'n. n. Eip. 1818, 1, 69. I hab halt schon wieder was aufg'stiert. Die Leut werden sagen, alle Augenblick stöbert er was anders auf. H. J. 1857, 36, 2. Der junge Herr stiert alles auf, wos a Tanzel gibt. n. Eip. 1814, 3, 46. Ausstüren, *ausstöbern, durchsuchen; ausstochern*. Dort sitzt der Hans-Jörgel, der ist überall und der stiert alles aus. H. J. 1834, 20, 37. Da hab ich d' ganze Schüssel mit der Gabel ausg'stiert. n. Eip. 1813, 11, 21. Brauchst vielleicht ein'n Tabak, weilst alle Säck ausstierst? Mos. V. L. 7, 20. Sie stiert sich die Zähne mit einem Schlagbaum aus. jst. Eip. 1819, 8, 9. Der Bauer stiert mit dem Kaffeelöffel das G'frorne auseinander. H. J. 1847, 19, 39. Es kommt jetzt auch kein Donaukarpfen in ein Wirthshaus, ohne dass d' Köchinen 's Peuschl durchstirn. j. Eip. 86, 10. Endlich sein die Zeiten kommen, wo man die Dukaten und Zwanz'ger aus die alten Ladeln herausg'stiert hat. H. J. 1850, 24. Wie s' in allen Zeitungen die G'spass und die Witz herausstieren. H. J. 1850, 19. Weil ich herumstiere in meinem Pult. Bucher 6, 215. Endlich hat er sein Beutl ausserzogn, und da hat er langmächtig im Geld herumgstiert. w. Eip. 18, 14. Mit der Gabel in 'n Speis'n ummerstiern. n. Eip. 1818, 8, 42. Da wimmelts in all'n Gassen umer, als wann m'r in ein'n Amasshaufen umerg'stierd häd. n. Eip. 1814, 11, 40. Da hab ich die Tag unter ihrn Papieren herumgstirt. Eip. 31, 31. In's unbeweglichi Eigenthum kann m'r nid aso hineinstir'n, das muess heili sein. n. Eip. 1816, 4, 24.

Baus, mäch do amäl Schicht,
Däs einö stiern däs ächt i nit. Süss 57.
Wia-r in Madl die Zaid läng wos'n
is, häd s' in's Umstia'n äng'fängt
und häd a Gibed dawischt. W.

's Wänns Häbafleim frassen,
Häbnt d' Blasseln umgstirt
Und g'urasst in Fuedar. Wagn. 98.
Vo dein'n Umstirn wäs häst?
Dast da d' Finga vobrennst. Stelzh.
3, 42.

Stieramperl, n., *Kind, das überall umhersucht*. Ban'lstierer, m., *Knochensammler*. Wär's nit g'scheiter, so ein Mensch wurd ein Milimann oder Banlstierer, wo er pantschen und h'rumstiern kann? H. J. 1838, 4, 1, 25.

A Kaffeehaus war vor Zeiten
Blos bestimmt für noble Leut;
Jetzt gibt's d'rin, 's ist kein Schenierer,
Schusterbub'n und Banerstierer.
W. L.

Pfeifenstierer, m., *Werkzeug zum Reinigen der Tabakspfeife*. Wo ein Fleischbacker ein'm Schaf mit dem Pfeifenstierer die Augn ausg'stochen hat. H. J. 1846, 3, 42. Zahnstierer, m., *Zahnstocher*. Weilen er gegen ihme die Zähn gewetzt, habe er auch mit dem Zahn-Stierer — austragen müssen. Abele Metam. 3, 149. Madeln, die Zahnstierer und Blumen verkaufen. w. Eip. 19, 20.

*Sterz'l, m., *kleiner, untersetzter Mensch*. Sterzerl, n. dim.

Ihr Hand und ihr Herzerl,
Hat g'sagt mein klan's Sterzerl,
Ihr Hand und ihr Herzerl
Und alles g'hört mein. W. L.

Statzen, vrb., *aufrecht stellen, stehend, gerade richten, z. B. ein Messer statzen; sich st., sich dehnen, sich aus-*

*einander spreizen, sich etwas einbilden, kommt am häufigsten im* particip **g'statzt** vor, *steif, gezwungen, stolz.*
Is dös nit a grosser, rahner,
D' Nasen lang
G'statzter Gang. Mos. V. L. 3, 58.
Wänn s' g'statzt wie-r-an Essigkrueg
Dälahnt vor'm Haus. Seidl 53.
Da unschuldigi G'spass mi'm g'statzt'n Steffel. Seidl 270.
Sida-den häd Neamsd mehr g'seg'n
Den kloan und g'stazd'n Schnaida. Cast. 45.
Wann der nit schreiben thät für euch,
Müsst's lesen lauter g'statztes Zeuch.
H. J. 1842, 10, 25.
Wann ich so einikomm in die Stadt, schaut mich jeder so z'samm-g'statzte Windbeutel über die Achsel an. W. Theat. R. 67, 2.

**Statzgen**, vrb. (*alt. Spr.*), *stammeln.*
Wie inen die zung statzge, stamle, lalle. Rasch Weinb. 46, a. Die Stirn errunzelt sich, die Wangen entfärben sich, die Zähn greissgramen, die Zungen statzget. Abr. Kram. Lad. 2, 646.

**Strabeln**, strapeln (stråb'ln), vrb., *Hände und Füsse bewegen, sich rühren, eilen.*
Mit 'n Händten muesst stråbeln,
Und bäbeln mit 'n Mäul,
Und mit 'n Füessen muesst zäbeln,
Sist bist da „Stinkfäul". Stelzh. Gd. 18.
's Broihaus, dös gänz is auf und Alls stråbelt und zäbelt und thuet sö um. Stelzh. Gd. 342.
Draf schnell, wie ra Jungs,
Hör i stråbeln gögn mi:
Ajå, bist as denn du Hånnerl?
Stelzh. 2, 115.
Wie i än da Stöll so flink um d' Thür hån geträpelt,
Und wie i aui grennt und gfrait bån:
Is 's denn wåhr? Linderm. 79.
As rankelt und wiehrt sö,
's geht nix vo da Stöll,
Mågst na a so stråbeln,
Mågst eiln wie da wöll. Wagn. 97.

Da sind d' Gassenbubn zsammgloffen und haben um den Kaffe gstrabelt. j. Eip. 21, 15.
Warla, ma sollten in Kopf än histråppeln
Und für d' Heyducken schån d' Haubmer åthain. Linderm. 130.
Das war a Rumplerei, an Umerschlief'n, Umerkreil'n und Umerstrabeln. n. Eip. 1815, 1, 46.

**Stråbler, Stråpler**, m., *heissen zu Wien diejenigen Handlanger, welche das Bauholz von den Flössen und Schiffen an das Ufer schaffen, verschieden von den* Holzscheibern, *welche das Brennholz auf Schiebkarren an das Land bringen.* Die Strapler oder Bauholtz-Austrager werden bey dem alten Lohn gelassen. Cod. Au. 1, 158. Was hätt ihr so ein alter Grippenreiter am hellen Tag, wo so viel Strabbler 's Holz wegführen, weiter thun können? n. Eip. 1814, 1, 37. Der alte Strabler hat im zarten Dialekt zu mir gesagt: Sö Heuochs, das verstehn sö nit. II. J. 1851, 42, 18. Da sein ja die Strabler auf der Wiesen no Mitglieder des Mässigkeitsvereins. H. J. 1840, 10, 37.

**Gestrapel** (G'stråb'l, G'stråblat), n., *Zusammenlauf von Menschen, dadurch entstehender Lärm.* Als in einem solchen gestropel von zornigen oft geschiecht (1244). Meiller Stadtr. 142.
Sag mir mein knab, was das bedeut,
So gros gestrepel, was fur leut
Gendt für, weiss mich auch darzü in. Schmelzl.
Den Becher haben die Gerichtsdiener im Geståpel, do sie nach ihm griffen, zertretten. Scher. Schr. 1, 120, a. Als eine grosse Menge Volcks um den Ablass gekommen, ist unversehens unter dem Volck ein grosses Gestrappel entstanden. Abr. Kram. Lad. 3, 788.
Jå, a G'strämpfat und a
G'stråblat hån i g'hert. Stelzh. 3, 19.

*****Strabanzer** (Strawanza'), m., *ein arbeitsscheuer Mensch, der keinen be-*

stimmten Erwerbszweig hat, sich viel auf der Gasse herumtreibt, besonders auch als Begleiter zweideutiger Frauenspersonen; ein roher, liederlicher Mensch. Is gar keine bessere Pflanzschul für Strawanzer, als diese Faschingsbub'n, denn so wird das ganze Jahr herumvagirt. H. J. 1847, 4, 20. Eine Galanterie, wodurch unsere Glacc-Hackstöck und fashionablen Stravanzer mit ihren Sesselträger-Manieren und Trottl-Dialog beschämt werden sollen. H. J. 1855, 7, 2. Die Abenddämmerung begünstigt das Treiben der Stravanzerbuben. H. J. 1851, 12, 12. Bei den vielen Diebereien und bei der grossen Anzahl von G'sindl, unter dös b'sunders die sogenannten Strabanzerbubn g'hörn, sollten die Leut mit dem Zusperrn sehr behutsam sein. H. J. 1842, 10, 19. Man soll mir ein Arbeitshaus für 4000 Personen errichten, und wir hab'n in Wien in vier Wochen kein'n einzigen Strawanzer-, Hacker- oder Kappelbub'n mehr. H. J. 1844, 2, 26. Eine solche Gemeinheit hätt i kein'm Hacker- und Strawanzerbubn zutraut. H. J. 1843, 5, 33.

\*Strabes (Strāwas), dasselbe wie Strabanzer; sieh auch Strizzi. Wann der Strawes nix kriegt im Seraf-Beis, als sein Stamperl Gingas, so geht er wieder. H. J. 1856, 14, 11. Nur ein Strawes oder Strizzi, der in keine anständige Gesellschaft kommt, behalt den Hut auf, bis man ihm denselben antreibt. H. J. 1858, 3, 3.

\*Strebellen (strewell'n), vrb., gehen, wandern. Derneb'n sein alli Felder so verbaud, dass m'r fast bis Lainz auffi strebellen därf, bis m'r auf etliche Stuck Acker kumd. n. Eip. 1817, 7, 29. I bin halt hinausg'strebellt. n. Eip. 1814, 7, 40. In der Stadt kinnen sies in ein'n Sessel hinschicken, und sö kinnen z' Fuss mid strebellen. n. Eip. 1816, 1, 30. Mit den Gedanck'n bin i bald alleweil in den Parck ummergestrebelld. n. Eip. 1818, 12, 47.

Strudel, f., wie Schm. Strudeln (strūd'ln), vrb. a) sprudeln, quellen. Ich sitze bei einem Felsen, aus dem die silberne Wasser - Adern herauss strudeln. Abr. Merks W. 93. Der du dort in dem zerlassenen Metall strudlest. l. c. 105. In einem wie Crystall strudleten Bächel. Abr. Etwas 2, 655.

Es fliessen die süsse hellgläserne Wässer,
Begrasen den Wasen, verglasen die Fässer,
Erfrischen — die strudlende Flut.
Abele Unordn. 5, 29.

b) von einer nicht sehr guten Musik. Die Musik muss wieder was strudeln. H. J. 1854, 33, 11. Die Begleiter der Sängerin, d. h. die musikalischen, strudeln ganz famos. H.J. 1855, 50, 16. Besonders beliebt ist das compos. anstrudeln, anmusiciren, sich anstrudeln lassen, die Melodie, die man vorgesungen hat, nachspielen lassen, sich von der Musik vom Tanzsaale fortbegleiten, sich heimgeignen lassen. In manchem Wirthshaus herrscht no die gute alte Sitt, dass auf einem Ball die Leut in der Fruh sich „anstrudeln" lassen. H. J. 1853, 5, 20.

Da wird sauber g'dudlt
Und a weng an'gstrudelt. W. L.
Lass mi da glei laut anstrudeln,
Wia i basch, muess d' Nani dud'ln. W. L.
Der alte Zwickerl mit seiner Goig'n is durt,
Dass er die Geister drob'n (im Elysium) anstrudeln thuet. W. L.

\*Stragin (⌣ –), Stragenitzer, m., Vagabund.

In Montag, da sitzen in an Schnapshäusel drin
Zwa Beisser, in Wien heisst man's g'wöhnlich Stragin. W. L.
s' gibt in Wien eben so viel Stragenitzer wie anderwärts. H. J. 1852, 35, 5.

\*Stromen (strāma), vrb., gehen, herumstreifen, vagabundiren; daher Stromer, m., Vagabund.
Nur kan unnöth'ger Kopf därf nöd Hinstroma, sonst hat er sein G'frett. W.L.

Ei lustig, ihr Jager,
Das Leb'n is a Freud,
Auf die Felsen umstrama,
Im Wald, auf da Heid. W. L.
Auf das Ummastromma hab i schon
Fidutz,
Öppa glaubst, dass i dirs aberputz? W. L.
's gibt in Wien eben so viel Strommer
wie anderwärts. H. J. 1852, 35, 5.

**\*Strumm**, m. a) *Wasserfall. Ein
Strum ist in der Donau unterhalb
Linz vor dem Wirbel.*
Wer lieber will im Werffl baden,
Der kann den Strumm zum Fruhstuck
laden. Abele Metam. 13, 1.
b) *der Taubstumme.*
Traktirt ma s' mit ra Jausen,
So schweigt's, und hälten 's Maul so
föst als wie a Strumm. Linderm. 91.
    Wer nöt singt, muess a Spitzbue
Sein oder a Strum. Stelzh. 2, 34.
Na schäd is's, so flink
Und so schen und a — Strumm!
Rödst und deutst nix, ma waiss nöt,
Bist g'scheidt oder dumm. Stelzh.
Gd. 20.

**Strumen**, vrb., *schimpfen.*
    Aft hän ös g'strumt,
Und gib iehn ön Sögn. A. W. Ged. 6.

**\*Stroppen**, vrb., *unsicher, mühsam gehen.*
Iezt losts!
Wås dås Zifa häd thån,
Für mein Stroppen und Gehn,
Wås i g'häbt hån davon. Stelzh. 1, 67.
Geht, wänn 's Straifen und Stroppen
änders dert Gehn haisst. Stelzh. Gd. 357.

**Streitperler**, *von Stritper, eine Art
von Fischernetz, eine Art Fischer. Das
ain ieder Segner, Reischer oder Leiner
ierlich ainem Brobst dienen soll 10 dl. und
ain Scherrer und ain Streitperler
sullen dienen ietlicher 5 dl.* Kaltenb.
Pant. 1, 311. *Alle die Maister sind,
derselben kind mügen wol gestreitperlen und gescherren.* l. c. 1, 312.

**\*Strotter**, m., *einer, der unstätt herumgeht, Vagabund, auch von solchen, die
Knochen und Lumpen sammeln.* 's gibt
in Wien eben so viel Strotter wie
anderwärts. H. J. 1852, 35, 5. Is
so auf der Gassen herumgezogen, Lieder singend, wie man's wohl von einem Strotterbuben, aber nit von
einem Fräul'n erwarten kann. H. J.
1859, 36, 18.
So kriegt a solcha Strotta g'wiss an
Dupfa hinters Ohr,
Dass er glaubt, er hat sein Schmecka
verlorn. W. L.
In Suma gehts an'n Strota guet,
Weil er g'nua Bana find'n thuet. W. L.

**Strutter**, m., *eine Art Fischer. Es soll
kain Strutter gereutet schlaben,
nur allain an wildaw.* Kaltenb. Pant.
1, 317. *Ebenso* 1, 312.

**\*Strizzi** (Strizi), m., *ein feinerer Strabanzer; sieh dieses Wort.* O unsre
Glacé-Strizzi und Kappelbuben
mit Hut leisten schon auch was. H. J.
1859, 48, 13. Sie is ausgetreten,
und beim Fortgehn hat der noble
Strizzi, ihr Begleiter, gesagt, sie
wollen nit bleibn, weil ihnen die Gesellschaft zu unanständig is. H. J.
1860, 9, 5.
I geh in a Gasthaus 'nein,
Sitzt grad a Strizzi drein,
Draht seine Wichserl auf,
Jodelt und dudelt drauf. W. L.
A Bürscherl spaziert auf'n Graben famos,
Ein' Zwicker im Aug', und a Maschen
so gross,
Der schimpft über Alls und macht Witz
über d' Leut,
Tragt weisse Glacé und den Hut nach
der Seit'.
Bei dem sieht man doch ganz g'wiss,
Was der für ein Geisteskind is —
Ein Strizi, ein Strizi — is der doch
ganz g'wiss. W. Theat. R. 56, 13.